FEMINISMO EM DISPUTA

FEMINISMO EM DISPUTA

um estudo sobre o
imaginário político das
mulheres brasileiras

ORGANIZAÇÃO
**Beatriz Della Costa
Camila Rocha
Esther Solano**

© Boitempo e Instituto Update, 2022
© Beatriz Della Costa, Camila Rocha e Esther Solano, 2022

Boitempo
Direção-geral Ivana Jinkings
Edição Thais Rimkus
Coordenação de produção Livia Campos
Assistência editorial João Cândido Maia

Equipe de apoio Camila Nakazone, Elaine Ramos, Erica Imolene, Frank de Oliveira, Frederico Indiani, Higor Alves, Isabella Meucci, Ivam Oliveira, Kim Doria, Lígia Colares, Luciana Capelli, Marcos Duarte, Marina Valeriano, Marissol Robles, Maurício Barbosa, Pedro Davoglio, Raí Alves, Tulio Candiotto, Uva Costriuba

Instituto Update
Carolina Althaller, Carol Pires, João Veiga, Larissa Dionisio, Tulio Malaspina

Colaboradores da edição
Preparação Denise Pessoa Ribas
Revisão Sílvia Balderama Nara
Capa Giulia Fagundes
Diagramação Antonio Kehl

CIP-BRASIL. CATALOGAÇÃO NA PUBLICAÇÃO
SINDICATO NACIONAL DOS EDITORES DE LIVROS, RJ

F375

    Feminismo em disputa : um estudo sobre o imaginário político das mulheres brasileiras / organizadoras Beatriz Della Costa Pedreira, Camila Rocha, Esther Solano ; prefácio Anielle Franco. - 1. ed. - São Paulo : Boitempo : Instituto Update, 2022.

    Inclui bibliografia
    prefácio e introdução
    ISBN 978-65-5717-173-8

    1. Feminismo - Brasil. 2. Mulheres na política - Brasil. 3. Identidade de gênero - Aspectos políticos - Brasil. I. Pedreira, Beatriz Della Costa. II. Rocha, Camila. III. Solano, Esther. IV. Franco, Anielle. V. Instituto Update.

                                      CDD: 305.420981
22-79221   CDU: 141.72(81)

Meri Gleice Rodrigues de Souza - Bibliotecária - CRB-7/6439

É vedada a reprodução de qualquer parte deste livro sem a expressa autorização da editora.

1ª edição: agosto de 2022

BOITEMPO
Jinkings Editores Associados Ltda.
Rua Pereira Leite, 373
05442-000 São Paulo SP
Tel.: (11) 3875-7250 | 3875-7285
editor@boitempoeditorial.com.br
boitempoeditorial.com.br | blogdaboitempo.com.br
facebook.com/boitempo | twitter.com/editoraboitempo
youtube.com/tvboitempo | instagram.com/boitempo

INSTITUTO UPDATE
instagram.com/institutoupdate/
twitter.com/InstitutoUpdate
facebook.com/institutoupdate
institutoupdate.org.br/blog/

Sumário

Prefácio – Conservadorismo, gênero e feminismo........................ 7
    Anielle Franco

Introdução – Mulheres em diálogo... 13
    Beatriz Della Costa

Feminismo em disputa... 25
    Camila Rocha e Esther Solano

Oportunidades na busca por maior equidade política de
    gênero na opinião pública brasileira....................................... 75
    Maurício Moura e Natália Tosi

Apêndice 87

Bibliografia... 91

Sobre as organizadoras.. 93

Prefácio
Conservadorismo, gênero e feminismo
Anielle Franco

Quando fui convidada a prefaciar este livro sobre o curioso encontro entre o conservadorismo e o feminismo, muitas lembranças tomaram meus pensamentos.

Em minhas palestras e nos debates de que participo, costumo contar a história da vez em que eu e Marielle saímos escondidas para ir a um baile *funk* na favela da Maré, onde morávamos.

Nascemos e crescemos numa família matriarcal, negra, favelada, católica e nordestina, no meio de uma sociedade conservadora, patriarcal e racista. Difícil resumir o que tudo isso significou, mas consigo nomear dois sentimentos contrastantes que costuraram a nossa criação: o sonho e o medo. Como linhas de um bordado – que livres dão cor ao desenho e voltam precavidas para se firmar no tecido –, sonho e medo guiavam minha mãe, minhas tias e minha avó, mulheres fortes e arretadas, no desafio de nos criar.

Elas nos ensinaram que o sonho era combustível para a vida e que nós mulheres podemos tudo, inclusive acreditar que podemos tudo. Eram feministas sem nunca terem sido apresentadas às teorias feministas. Eram ativistas por existirem e resistirem coletivamente às violências machistas e racistas cotidianas. Elas nos ensinaram a sonhar em entrar na universidade, ter um bom emprego, construir uma casa própria, alimentar nossa família e ainda proporcionar momentos de descanso e diversão.

8

Todos os sábados, minha mãe e Marielle iam à feira vender roupas a fim de juntar dinheiro para minha viagem de estudos para os Estados Unidos. E assim elas me ensinaram a correr atrás dos sonhos, mas também a sonhar um mundo melhor, onde todas as pessoas tenham oportunidades iguais.

Criadas em uma sociedade que insiste em dizer que não podemos, minha mãe, minha avó e minhas tias tinham medo de nos soltarem a ponto de nos perderem. Medo de que tentassem abusar de nós na rua, de que sofrêssemos alguma violência ou de que algo interrompesse nossos sonhos. E esse medo muitas vezes fez que elas assumissem posturas conservadoras, como nesse dia, tentando nos impedir de ir ao baile *funk*.

O medo é um sentimento legítimo de quem se preocupa com e cuida de alguém que ama, mas, em uma sociedade governada há séculos por homens brancos, o medo se torna uma ferramenta de manutenção do sistema para reforçar que só podemos ser o que eles – machistas, misóginos, conservadores e cidadãos de bem – acham que devemos ser.

Foram nossas ancestrais que nos ensinaram que ser forte era requisito para sobreviver neste mundão e que, para alcançar o sonho de um mundo justo, precisaríamos criar coragem para enfrentar nossos medos. E conto isso porque este livro mostra que a maioria das mulheres do Brasil não se identifica como feminista, apesar de a maioria esmagadora defender boa parte dos direitos das mulheres. Para ampliarmos nosso alcance, precisaremos dialogar com os sonhos que alimentam cada uma de nós e com os medos que nos impuseram.

Lembro que, quando éramos jovens, frequentando a igreja, o debate do feminismo não era nem ventilado, ainda que Mari desde pequena já liderasse movimentos na catequese e que tenha sido nesse universo que ela conheceu os primeiros namorados. Isso me faz pensar sobre a necessidade de entendermos como nossas pautas chegam e são acolhidas nesses importantes espaços de socialização da maioria da população brasileira.

Tentei pensar na primeira vez que me reconheci como feminista negra. Eu tinha apenas dezesseis anos de idade quando saí da favela da Maré para o

Texas. Aquele choque cultural mexeu totalmente com a adolescente que cresceu ouvindo dentro de casa que a mulher podia tudo. Já tinha ouvido falar de feminismo, mas, se hoje a palavra tem dificuldade de circular em becos e vielas do Brasil, imagina em 1999.

Foi então, estudando em uma universidade com maioria de mulheres afro--americanas, que entrei em contato com as principais lideranças e pensadoras desse movimento, comecei a compreender as diferenças que existem entre nós mesmas e me entender como parte de um todo, a partir da perspectiva das mulheres negras.

Contudo, mesmo depois de voltar dos Estados Unidos, já casada pela primeira vez, ouvi de pessoas próximas da família que o casamento era para a vida inteira, precisava ser mantido e defendido mesmo que não me fizesse bem. E como foi sofrido descosturar alguns medos que ficaram marcados em minha formação – medo de ficar sozinha, de ser julgada, de não corresponder às expectativas.

Este livro nos faz recordar que o caminho para a conquista de direitos passa pela capacidade de ter empatia com quem foi ensinado a não ter empatia com determinadas existências. E aí mora uma das tarefas mais difíceis.

Não é novidade para ninguém que o nome, a imagem e as ideias de Marielle transbordaram fronteiras geográficas, alcançando milhões de pessoas em milhares de cidades espalhadas por dezenas de países. Mas o que você talvez não saiba é que Marielle transbordou também fronteiras ideológicas. Digo isso não apenas pelo fato de que figuras políticas de direita manifestaram seu choque e sua solidariedade à família no dia 14 de março de 2018, mas também pelas incontáveis demonstrações de afeto, particulares e genuínas, que recebi de pessoas que diziam pensar o oposto do que Marielle pensava, pessoas que ficaram horrorizadas com o que aconteceu e diziam saber que ela foi assassinada também por suas ideias, algo inadmissível.

Quando criamos o Instituto Marielle Franco, em outubro de 2018, ano em que o país elegeu o governo mais conservador desde a ditadura

10

militar, eu entendi que um de nossos desafios era sermos capazes de construir diálogos com pessoas de centro e de direita para recuperar esse valor básico: ninguém deve ter a vida interrompida, independentemente de suas ideias.

Em 2020, nas primeiras eleições municipais sem Marielle, lançamos a Agenda Marielle Franco, sistematizando seu legado político em um conjunto de compromissos com sete pautas e sete práticas, a partir de uma perspectiva antirracista, feminista e popular. A ideia era que as candidaturas que se diziam inspiradas na Mari pudessem se comprometer ativamente com o conteúdo de seu discurso e com sua forma de fazer política. Mais de setecentas candidaturas de dezesseis partidos diferentes assinaram o compromisso público, incluindo candidatas filiadas a partidos reconhecidos como de centro ou de direita.

Como guardiãs da memória de Marielle, fomos as primeiras a querer garantir que a carta de compromisso não desse margem a distorções de seu programa. Mas compreendemos a complexidade política de um país do tamanho do Brasil, onde cada sigla partidária pode representar uma perspectiva diferente em São Paulo, em Manaus, em João Pessoa, Campo Grande ou Porto Alegre, ou mesmo se você é um homem branco, uma mulher negra ou uma pessoa não binária indígena. Entendemos então que por aí passa um caminho possível para construir pontes para a agenda comum a orientar nosso projeto de futuro.

É dessas questões que as próximas páginas tratarão. Sobre o desafio de encontrar os valores básicos que nos unem e criar movimentos acolhedores para ampliar nossa força sem ter de abrir mão de nossa identidade e de nossos princípios.

Como feminista negra, sinto necessidade de reafirmar que nós mulheres negras historicamente estivemos posicionadas no lugar das que construíram pontes e diálogos na luta por direitos para toda a sociedade. Mesmo quando nossas interlocutoras não se mostravam verdadeiramente abertas e até mesmo reproduziam violências.

11

A longa trajetória das que vieram antes de mim, contada em *A radical imaginação política das mulheres negras brasileiras*[1], que organizei com Ana Carolina Lourenço em 2021, é marcada por uma série de estratégias baseadas no diálogo e no fortalecimento mútuo, não apenas entre a diversidade que habita o movimento de mulheres negras, mas com toda a sociedade, partindo do princípio de que nossa busca é pela libertação de todas as formas de vida e pelo fim de todo tipo de violência.

Encerro, então, colocando luz sobre um dado importante pontuado na pesquisa que este livro apresenta: no país que elegeu o presidente que elegeu em 2018, 70% das entrevistadas se mostraram dispostas a votar em uma mulher negra para a Presidência da República.

Nos últimos anos, estando à frente do Instituto Marielle Franco, ouvi inúmeras análises políticas de todas as partes apontando "pautas identitárias" como as principais âncoras que puxaram o Brasil para esse fundo de poço político. Como bem lembra sempre minha irmã de alma Bianca Santana, a maioria dos projetos políticos que conhecemos é construída a partir de uma lógica identitária, seja essa identidade a de sindicalista metalúrgico, nordestino, sem diploma universitário, seja a de um cidadão de bem militar carioca espalhador de ódio e mentiras travestidas de piadas e polêmicas.

Em março de 2022, estivemos com uma comitiva de dez organizações negras brasileiras na Colômbia e no Chile para observar a nova onda progressista da América Latina, que vem conquistando importantes avanços a partir da construção dos movimentos de mulheres e pessoas negras e indígenas. Tivemos a oportunidade de estar ao lado de Francia Márquez, que, no momento em que escrevo, está perto de se tornar a primeira vice-presidenta negra da história da Colômbia*. Em seu discurso, Francia, advogada,

---

[1] Ana Carolina Lourenço e Anielle Franco (orgs.), *A radical imaginação política das mulheres negras brasileiras* (São Paulo, Oralituras/Fundação Rosa Luxemburgo, 2021).

* Em 19 de junho de 2022, Gustavo Petro, candidato do Pacto Histórico, venceu o segundo turno das eleições presidenciais da Colômbia; com ele, Francia Márquez foi de fato eleita vice-presidenta do país. (N. E.)

12

defensora histórica dos direitos humanos e do meio ambiente, apresenta um programa baseado em construir políticas para a vida.

Estivemos também com Iraci Hassler, prefeita de Santiago, e algumas das ministras do primeiro governo paritário da história do Chile, dialogando sobre os desafios que se apresentam quando a força de tantos movimentos chega aos engessados, duros e inflexíveis espaços de poder. Essas experiências mostram que, apesar de nos dizerem não, apesar de tentarem nos colocar umas contra as outras, apesar de nossas visões políticas genuinamente diferentes, se nos organizarmos direitinho, é possível chegar aonde precisamos chegar.

Assim, depois de ler este livro, meu convite é a abraçar essa estratégia de diálogos e pontes para construirmos um projeto capaz de gerar acolhimento, identificação e transformação da sociedade a partir de nossas diversidades, para que, mesmo com medo, a gente consiga sonhar, se juntar, mover o mundo, renascer e ressignificar tudo o que há ao redor com nossa maneira potente de ser.

Nossa hora é agora. Nossa mudança e nosso avanço são por mim, por você, pelas que vieram antes e por todas as que virão. Nossas diferenças não podem ser maiores que nossa vontade de viver melhor. Estamos prontas e vamos juntas!

Introdução
Mulheres em diálogo

Beatriz Della Costa

As conquistas do movimento feminista estão ameaçadas no Brasil. Nos últimos quatro anos, o movimento de mulheres precisou concentrar suas forças na resistência às tentativas de retrocesso por parte do governo federal. Não por menos, o país não tem acompanhado na mesma velocidade o avanço da agenda feminista de alguns vizinhos, como Argentina e Uruguai, onde o aborto foi descriminalizado, ou como Colômbia e México, onde já há paridade de gênero na política.

Enquanto isso, por aqui, em vez de novas conquistas, assistimos ao aumento da violência contra a mulher, à desarticulação de secretarias e delegacias da mulher. Ataques coordenados travaram tentativas de debater projetos progressistas. Mas, apesar de ainda serem minoria, as mulheres foram capazes de barrar os retrocessos e aprovar leis como a que criminaliza a importunação sexual.

O momento é delicado. E exatamente por isso precisamos pensar em estratégias inovadoras e bem articuladas. É desse exercício que nasce este livro.

Na pesquisa "Conservadorismo, gênero e feminismo", encomendada pelo Instituto Update aos cientistas sociais Maurício Moura e Natália Tosi, associados ao Ideia Big Data, descobrimos que a maioria das mulheres brasileiras está comprimida entre dois extremos – enquanto 29% das entrevistadas se declaram feministas, 34% se assumem não feministas. O que não significa que não estejam alinhadas com a agenda feminista, apenas, como vemos na pesquisa qualitativa, há uma aversão ao termo e às feministas por razões que falarei logo a seguir. Mas o que importa é que ao menos 65% da população ou se considera feminista ou não rejeita essa classificação. Nesse sentido, são potenciais aliadas na conquista por mais direitos.

A boa notícia é de que há luz no fim do túnel. A pesquisa mostra que a brasileira média, independentemente de raça ou classe social, está mais próxima do que imaginávamos das ideias e das agendas pró-mulher. O combate à violência de gênero, por exemplo, é apoiado por 92% das entrevistadas. Já 83% são favoráveis à equiparação salarial, agenda econômica que também ajuda no combate à violência, uma vez que a independência financeira feminina é muito importante para que a mulher vítima de agressão doméstica consiga sair de casa e não entrar nos tristes índices de feminicídio.

Taxas de apoio tão altas a bandeiras clássicas do movimento pró-direito das mulheres mostram que o feminismo, de fato, provocou uma mudança cultural massiva. Como diria Claudia López Hernández, prefeita de Bogotá, "não tem como voltar atrás".

Mas por que, então, tantas dessas mulheres não votam em mulheres e rejeitam o movimento feminista? Antes de responder a essa pergunta, é preciso contextualizar como chegamos a ela.

Entre 2014 e 2020, enquanto pesquisava sobre inovação política na América Latina para o Instituto Update, do qual sou cofundadora, vi como o feminismo era o único movimento ativamente pautado em toda a região. A demanda unânime era uma participação maior da mulher na política. Mas, afinal, o que muda quando as mulheres ocupam o poder?

Para responder àquela primeira indagação, mapeamos mais de seiscentas mulheres da região, e viajei por seis países para entrevistar 96 delas. A luta pela igualdade de gênero se tornara incontornável, e os resultados estavam por toda parte, incluindo o aumento da participação feminina e negra na política institucional no Brasil na última década.

Esse estudo se desdobrou na série de mesmo nome *Eleitas: mulheres na política*[1], veiculada em três episódios pelo canal do Quebrando o Tabu no YouTube. Contamos as histórias de jovens que entenderam a força política do coletivo e politizaram sua vida, levando os debates das ruas para a mesa de jantar e para a cama. Muitas dessas jovens militantes entraram para a política institucional e, apesar da violência de gênero que atravessa seus caminhos, estão contornando a falta de diversidade no poder com criatividade, empatia, pragmatismo e inovação.

Na Argentina, o #NiUnaMenos, movimento que explodiu em 2015 contra o feminicídio, desaguou na Maré Verde de 2020, movimento vitorioso na aprovação do aborto livre, seguro e gratuito. No Chile, filmamos jovens mulheres que saíram às ruas para protestar contra o assédio em Valparaíso durante o levante social de 2019 e vimos seu protesto – *"Un violador en tu camino"* – virar um hino mundial. Dois anos depois, as chilenas conquistariam uma participação igualitária na Convenção Constitucional, criada para atender às demandas dos protestos.

O sucesso da série *Eleitas*, com mais de 5 milhões de visualizações, trouxe uma segunda questão: como as mulheres que se reivindicam conservadoras, expoentes de uma cultura moralista, entenderiam esses movimentos que sacudiram a América Latina? Haveria ressonância do outro lado do espectro?

Nossa dúvida levou a uma pesquisa qualitativa exploratória, "Conservadorismo, gênero e feminismo", encomendada ao Instituto Ideia Big Data, com análise de Esther Solano e Camila Rocha, na qual a série *Eleitas* foi exibida a um grupo de mulheres pré-selecionadas, para quem as referências de liderança feminista eram a ministra Damares Alves e a primeira-dama Michelle Bolsonaro, duas personagens políticas aliadas a um presidente reconhecido por falas misóginas.

O resultado foi desconcertante: mulheres que se afirmam conservadoras também se consideravam feministas, mas faziam uma diferenciação importante:

---

[1] *Eleitas: mulheres na política*, Instituto Update, 2020.

16

feministas, sim (quando se tratava de igualdade salarial e divisão do trabalho doméstico), mas "ativistas" (para elas, mulheres que saem às ruas, protestam e "mostram os seios") não.

Apesar disso, as mulheres do grupo se disseram emocionadas ao ver uma cena em que centenas de mulheres mais velhas reproduzem a canção e a coreografia de "*Un violador en tu camino*" em Santiago, no Chile. As mulheres do grupo que se consideram conservadoras entendiam a importância de reivindicar seus direitos e se identificavam com aquelas mulheres chilenas, mas ainda assim se diziam contra o feminismo ativista.

Esse resultado teve um sabor agridoce. Por um lado, vemos que o movimento por mais direitos às mulheres está ganhando espaço – e o apoio às mulheres na política também. Há uma mudança cultural acontecendo. Por outro, evidenciou-se, ali, que o feminismo estava em disputa não só dentro do campo progressista, mas também entre progressistas e direitistas. E a enorme confusão de conceitos se revela uma estratégia política.

Sem sujeito não há ação. Mas para as mulheres que se afirmam conservadoras haveria feminismo sem feminista. E aí mora o perigo: quando desmembrado do movimento político, o termo "feminismo" pode ser esvaziado e cooptado por algum grupo político reacionário que advogue não pelo avanço, mas pelo fim de alguns direitos civis das mulheres. A despeito dessas tensões, porém, acreditamos na possibilidade de entendimento entre o movimento feminista e a mulher brasileira média, por meio da construção de um diálogo amplo, pautado em uma construção paulatina de confiança.

Nosso desejo de reconstruir um sentido comum sobre a agenda pró-mulher e assim angariar mais apoiadoras para a causa foi o que nos levou à terceira grande questão, que é o foco deste livro: como as ideias do que entendemos por feminismo atingem a mulher média brasileira e como desfazer as possíveis confusões sobre o que é feminismo entre aqueles 65% em disputa? Para começarmos a responder, encomendamos uma segunda pesquisa qualitativa, mais ampla, realizada por Camila Rocha e Esther Solano.

Para criar estratégias de comunicação com essas mulheres, precisamos abrir cada vez mais questões: quais são as agendas em comum entre essas mulheres? Onde é possível nos encontrar para construir políticas públicas que beneficiem a todas? Como comunicar a importância de ter mais representação feminina na política? E como evitar que esse campo em disputa seja sequestrado pelo movimento antimulheres?

A reconstrução do imaginário

Em 1971, Betty Friedan, líder do movimento norte-americano Organização Nacional de Mulheres, veio ao Brasil a convite da editora Vozes para lançar seu livro *A mística feminina*[2], oráculo feminista que defende a participação das mulheres na vida social, econômica e política em igualdade de condições com os homens. Em entrevista ao *Pasquim*, Friedan foi caracterizada como feia, raivosa e histérica, ajudando a consolidar no imaginário nacional a ideia da feminista mal-amada, mal-arrumada.

Ainda hoje, apesar das enormes conquistas do movimento feminista, suas militantes são estereotipadas como feias, raivosas, que odeiam homens, a família e a Igreja. Ou são hipersexualizadas, taxadas de hereges, indecentes. E, em um país conservador como o Brasil, pintar esse retrato faz parte da estratégia de quem pretende deslegitimar a luta por igualdade. É uma velha e conhecida tática do patriarcado contra o feminismo.

O movimento por igualdade de gênero incomoda porque traz à tona questões profundas, subjetivas e aponta para uma violência sistemática que não enxergávamos. Entre as entrevistadas pelo Ideia Big Data, 36% consideram as feministas "radicais". Quem desenha essa narrativa? A quem beneficia criar esse imaginário distorcido e desfavorável?

Em 2013, durante a Jornada Mundial da Juventude, no Rio de Janeiro, cerca de mil manifestantes pró-aborto, vestidos apenas com roupa íntima ou

---

[2]   Betty Friedan, *A mística feminina* (3. ed., Rio de Janeiro, Rosa dos Tempos, 2020 [1971]).

18

caracterizados como diabos, se embrenharam entre os fiéis gritando blasfêmias contra o papa Francisco e a interferência da Igreja em políticas de Estado no Brasil. No ato, imagens religiosas foram quebradas e um casal do coletivo cultural Coyote se masturbou e introduziu um crucifixo no ânus diante das câmeras dos jornalistas que cobriam o protesto. Uma das palavras de ordem entoadas era: "Tira sua cruz do meu útero!". A *performance* ocorreu em meio à manifestação conhecida como Marcha das Vadias, e, ainda que as organizadoras da manifestação tenham lamentado o ocorrido em uma nota publicada no Facebook, as imagens sacrílegas passaram a ser amplamente exploradas por conservadores e reacionários. Quase dez anos depois, ainda podemos detectar os efeitos da campanha para associar todo o movimento feminista às cenas mais radicais registradas na Marcha das Vadias.

A pesquisa "Conservadorismo, gênero e feminismo" mostrava exatamente isto: para a maioria das mulheres, o problema não é o feminismo, são as feministas. O problema é o sujeito, não a ação. O efeito dessa estratégia é o esvaziamento do imaginário sobre o movimento pela igualdade de gênero. O desafio, portanto, está em desfazer esse imaginário distorcido e reconstruir um imaginário positivo e inspirador. Mas como?

Os 65% de mulheres que não se consideram feministas nem antifeministas entendem que o empoderamento das mulheres é uma conquista individual, não coletiva – o que aponta para uma incompreensão sobre a importância dos movimentos de mulheres nessa mudança cultural.

No entanto, em vez de criticar duramente o que essas mulheres pensam, devemos entender o que é valioso para as brasileiras, quais são suas convicções morais – e respeitá-las.

Um exemplo do que costuma afastar a mulher comum do debate é o perfeccionismo de linguagem, os termos em inglês ou acadêmicos, que fazem o feminismo parecer um clube fechado com códigos específicos. É claro que a linguagem é parte do processo de uma nova ética social, mas cabe aqui uma estratégia de longo prazo, em que será preciso, antes de tudo, reconstruir o imaginário e a confiança.

Não existe um grupo homogêneo categorizado como mulheres. As mulheres brasileiras são diversas, e só dividindo-as em muitos subgrupos de estudo poderemos desenhar estratégias de atuação para cada uma. Para começar a entender tal diversidade, encomendamos a Camila Rocha e Esther Solano uma pesquisa qualitativa com eleitoras de Bolsonaro decepcionadas e com mulheres jovens que ainda não haviam decidido seu voto para 2022. Esse novo estudo, o primeiro de muitos que desejamos fazer, nos faz pensar que encontrar pontos em comum por meio de histórias do dia a dia que compartilhamos como mulheres brasileiras pode ser muito mais inspirador para que outras também militem por uma sociedade igualitária que impor um glossário de termos técnicos.

Novos caminhos

A pesquisa "Conservadorismo, gênero e feminismo", que deu base a este livro, é um bom termômetro para o movimento encontrar um ponto comum entre as brasileiras. Além do combate à violência de gênero (apoiado por 92%) e da equiparação salarial (83%), a maioria também é favorável a um auxílio econômico para as donas de casa. Logo, focar essas pautas em comum surge como uma boa estratégia para reunir mulheres em torno de uma agenda pró-direitos das mulheres.

Um dado muito interessante revelado pela pesquisa é que 77% das entrevistadas apoiam uma participação feminina maior na política. Elas afirmam que sua vida melhoraria se houvesse uma participação feminina maior na política porque as mulheres eleitas certamente pensariam mais nas eleitoras mulheres. Entretanto, elas admitem que na hora do voto o gênero do candidato não é uma prioridade. É urgente veicular o entendimento de que mais mulheres na política significam mais direitos.

Outro dado alentador na pesquisa é que 70% votariam em uma mulher negra para presidente. Ou seja: o desejo de ver mais mulheres negras na política é latente e pode ser concretizado se for levado adiante por uma

20

estratégia pragmática. Por isso também é preciso disputar a ideia de que o poder é um lugar masculino para homens brancos e ricos.

A busca pelo pragmatismo político

Observar como o movimento feminista mexicano aprovou a paridade de gênero em todas as instâncias de governo ou como as argentinas insistiram até conseguirem a descriminalização do aborto, garantindo que possa ser realizado de modo gratuito e seguro, possibilita o entendimento de que as mulheres são vitoriosas quando constroem alianças pragmáticas.

Temos bons exemplos também no Brasil: em 1988, durante a Constituinte, as 26 deputadas eleitas conseguiram se articular (apesar das diferenças) e em conjunto com o movimento de mulheres aprovaram 80% das demandas, entre elas o direito das mulheres de ter terras rurais em seu nome, o direito ao divórcio e à licença-maternidade. Esse processo ficou conhecido como "*lobby* do batom".

Essas e outras demandas tinham sido levantadas junto com as mulheres de diversos territórios a partir da campanha "Constituinte para valer tem que ter palavra de mulher", que mobilizou mulheres de todo o Brasil para articular suas agendas.

Na Argentina, Silvia Lospennato, deputada federal eleita pelo PRO, partido do ex-presidente Mauricio Macri, disse que as parlamentares argentinas conseguiram avançar com a agenda feminista quando entenderam que precisavam superar suas diferenças políticas em outros assuntos para trabalhar em temas favoráveis às mulheres que fossem comuns a todas. "Independentemente de uma ser liberal e outra ser de esquerda, de uma ser professora e outra trabalhadora de fábrica, todas sofremos discriminação", disse ela.

No Chile, a deputada Cristina Girardi relatou algo parecido. Só quando fizeram uma aliança suprapartidária as deputadas conseguiram mudar o nome do Parlamento para Câmara de Deputados e Deputadas do Chile –

detalhe que ajudou muito a mudar a cultura entre pares. Já na Bolívia, a aliança entre movimentos feministas, conhecida como Mujeres Presentes en la Historia, articulou nada menos que 50 mil mulheres em torno da nova Constituição, escrita a partir da perspectiva de gênero.

Por isso confiamos tanto nessa capacidade feminina de interlocução, articulação e maturidade para construir propostas coletivas e recriar um imaginário político positivo para as mulheres no poder, aproximando extremos em torno de ideias que beneficiem a todas apesar das diferenças políticas em outros temas.

Militância × institucionalidade

De Argentina, México e Bolívia podemos tirar inspiração também para coordenar os movimentos sociais feministas com o trabalho das representantes eleitas. Nos casos mais bem-sucedidos, houve um entendimento de que sociedade civil e representantes institucionais caminham juntas, mas têm funções distintas. Enquanto o movimento cumpre o papel de levantar a bandeira ideológica, as eleitas precisam ser pragmáticas para aprovar as pautas possíveis dentro de cada contexto e cada momento político. Nessa articulação, o ativismo não deveria inviabilizar os debates institucionais que não cumprirem totalmente suas expectativas.

A diversidade de correntes dentro do movimento e a variedade de agendas torna essa interação mais complexa, mas é, sim, possível encontrar caminhos comuns para comunicar o feminismo a essa enorme parcela de mulheres brasileiras comprimidas entre feministas e antifeministas. Reconhecer que a diferença de visão e o conflito fazem parte da construção política é um passo importante para criar caminhos comuns e perceber que, para além da divergência, há convergências de destaque.

Em 2019, ao observar o 34º Encuentro Plurinacional de Mujeres, encontro anual do movimento de mulheres na Argentina, aprendi sobre a importância de acolher os conflitos. Lá, 30 mil mulheres discordavam sobre votações

22

específicas, mas nem por isso deixavam de seguir construindo juntas outras pautas em comum.

Entendendo e aceitando que iremos discordar muito, mas também concordaremos em propostas que nos façam avançar em relação aos direitos das mulheres, podemos trazer mais aliadas para essa batalha.

Temas difíceis

E como tratar de temas mais polêmicos entre as mulheres, como o aborto, o principal ponto de discórdia entre as brasileiras?

Podemos encontrar inspiração para esse desafio aqui mesmo no país. Na Constituinte de 1988, a descriminalização do aborto era uma das demandas da Carta das Mulheres Brasileiras aos Constituintes. Ainda que a proposta não tenha sido aprovada por completo, elas pautaram o debate, considerado, àquela época, um tabu muito maior do que é hoje, e garantiram o direito ao aborto em casos de violência sexual e risco de vida para a mãe.

Na própria pesquisa "Conservadorismo, gênero e feminismo", a porcentagem de mulheres que se dizem contra o aborto por acreditar que a prática se tornaria "sem critério" e "feito a cada esquina" indica que não houve ainda uma discussão qualificada sobre o assunto.

O tabu não era menor entre as *hermanas*, mas quando o assunto foi colocado na pauta nacional essas pré-concepções foram desfeitas à base de muita conversa e confiança em dados científicos, e o espaço para divergências diminuiu com o tempo. Ainda na Argentina, a estratégia foi levar o debate público para o Parlamento somente quando as deputadas eleitas de diferentes partidos e ideologias chegaram a um acordo. Àquela altura, as mulheres já representavam 40% da Câmara – fator que ajudou de forma considerável na aprovação do projeto de lei.

Em 2018, o Senado argentino rechaçou a descriminalização do aborto que tinha sido aprovada na Câmara, mas foi consenso entre os analistas que o debate levantado pelo movimento mudou a sociedade. Dois anos depois, em nova votação, a proposta foi, enfim, sancionada pela Câmara e pelo Senado. Venceu a ideia de que esse direito é questão de saúde pública e não interfere na crença de cada pessoa. A maternidade, afinal, deve ser uma decisão pessoal.

Estratégias no horizonte

No Instituto Update, entendemos que é necessário avançar em duas macroestratégias. A primeira é reconstruir o imaginário social sobre o movimento pró-direitos das mulheres e comunicar às eleitoras a importância de a mulher estar representada no poder. A segunda grande estratégia seria levantar mais informações e análises sobre as mulheres brasileiras e suas percepções sobre a política e as pautas feministas para construir agendas.

Não se trata de tentar impor as ideias do feminismo, mas de entender que, em um país conservador como o Brasil, é preciso criar novas estratégias para entender como os feminismos se articulam com as necessidades e com a diversidade das mulheres. O feminismo não deveria ser um partido ao qual só é possível filiar-se estando 100% de acordo com todo o regimento.

Nós do Instituto Update esperamos contribuir para o entendimento de quem é a mulher brasileira média, conservadora, religiosa e também favorável à igualdade de gênero em casa e no trabalho. Só entendendo suas dores e seus anseios poderemos abrir diálogo com uma maioria essencial para avançar em nossas causas mais fundamentais. Precisamos, agora, de um esforço conjunto de movimentos, coletivos, instituições, fundações e financiadores para fazer novas pesquisas que completem esse álbum.

Se a potência das mulheres no poder é inegável, também o são os desafios. Como diria a feminista chilena Julieta Kirkwood, "não há democracia sem feminismo".

Feminismo em disputa

Camila Rocha e Esther Solano

Introdução

Legalização do aborto, novas leis contra violência sexual, incentivos à paridade de gênero em empresas e governos, distribuição de absorventes íntimos pelo Estado. Estes são apenas alguns dos avanços recentes do feminismo latino-americano, que atingiu seu auge com a eleição de Gabriel Boric no Chile e a posse de um gabinete feminista.

Até no Brasil de Jair Bolsonaro as feministas tiveram avanços significativos. No entanto, será que mulheres que se identificam como conservadoras se consideram feministas? O que significa ser feminista para brasileiras que votaram em Bolsonaro? E para mulheres jovens que ainda não decidiram em quem votarão para presidente em 2022?

Para tentar responder a essas e outras perguntas, decidimos, com o apoio do Instituto Update, fazer pesquisas qualitativas com mulheres brasileiras que votaram em Jair Bolsonaro e com jovens indecisas. Nessas pesquisas, as mulheres foram reunidas em pequenos grupos e, por duas horas, conversaram conosco sobre questões de seu cotidiano relacionadas a temas como machismo, maternidade, aborto, gênero e política.

Na primeira pesquisa, realizada de forma exploratória no segundo semestre de 2020, conversamos com seis eleitoras de Bolsonaro do Sudeste e do

26

Nordeste que se consideram conservadoras. Um ano e meio depois, no início de 2022, decidimos conversar com 39 mulheres que votaram em Bolsonaro e se decepcionaram, e também com seis jovens entre 16 e 18 anos que ainda não haviam decidido em quem votar para a Presidência.

Apesar de suas muitas diferenças, relacionadas a renda, cor, religião e região do país[1], todas almejavam ser *empoderadas*. Todas afirmaram que o machismo as prejudicava no cotidiano e que desejavam ser autônomas, independentes dos homens material e emocionalmente e livres para alcançar seus objetivos de vida. O que distingue as mulheres que se identificam como conservadoras das demais é a importância que as primeiras conferem ao papel desempenhado pela mulher na família e na harmonia do lar; porém todas ressaltam a relevância de políticas públicas que permitam que as mulheres conciliem o trabalho fora de casa e o cuidado com a família.

Ainda que muitas das mulheres com quem conversamos não se afirmem feministas, é possível dizer que todas são perpassadas, em maior ou menor grau, por um espírito do tempo feminista. Isso significa que o feminismo brasileiro ainda pode colher muitos frutos se suas sementes alcançarem cada vez mais mulheres, e mulheres cada vez mais diversas entre si. Afinal, como procuraremos apontar a seguir, embora existam importantes desafios de

---

[1] Ao todo, foram 51 mulheres entrevistadas nas cinco regiões do país. Todas possuem no mínimo ensino médio incompleto, sendo que 10 mulheres pertencem à faixa AB de renda e 41 à faixa CD. Entre algumas das ocupações citadas estão garçonete, babá, "do lar", bancária, recepcionista, assistente jurídica, auxiliar administrativa, operadora de *call center*, empresária, terapeuta, vendedora, microempreendedora e estudante, sendo que 5 entrevistadas afirmaram estar desempregadas. No que diz respeito à religião, 22 se declararam evangélicas, 9 católicas não praticantes, 9 católicas praticantes, 1 umbandista, 1 espírita e 8 sem religião. Suas idades variam de 16 a 55 anos, sendo que 18 são casadas e 33 estão solteiras. No que diz respeito à cor, 13 se declararam brancas, 3 amarelas e 35 pardas ou pretas. Todas as entrevistadas são mulheres cis e 2 disseram ser lésbicas no decorrer das entrevistas. Finalmente, no que tange ao posicionamento político, 6 entrevistadas votaram em Bolsonaro nos dois turnos em 2018 e possuem intenção de reelegê-lo, 39 mulheres votaram em Bolsonaro nos dois turnos em 2018, mas estão decepcionadas com seu governo e não pretendem votar novamente no político, e 6 entrevistadas jovens não votaram em 2018 e estão indecisas sobre seu voto.

comunicação, os corações e mentes da maioria das brasileiras estão mais que abertos para receber sua mensagem.

Empoderamento feminino

> Fazer o que quer, na hora que quer, sem ter aval de homem, sem se importar com o julgamento da sociedade. É uma libertação mesmo, ser quem você é.[2] [Mulher, 25, Bahia]

As ideias de independência e autonomia das mulheres são extremamente positivas para as entrevistadas. Todas defendem que as mulheres tenham a própria renda, a própria carreira e sejam independentes de parceiros e familiares – o que é popularmente conhecido como empoderamento feminino.

> Ser empoderada é não precisar de homem para porra nenhuma. Se quero viajar, vou viajar. Se quero ser sozinha, me sustento. É não depender de ninguém, é falar "eu posso". [Mulher, 45, Rio de Janeiro]

> Tu não precisa mais de um homem pra fazer as coisas. Existe essa questão da dependência da mulher. Só porque alguém decidiu que a mulher fica em casa e o homem trabalha, mas se o homem te dá suporte financeiro ele tem esse poder de controlar, e tem mulheres que se submetem. Outras mulheres percebem que não precisam se submeter. São as empoderadas. [Isso] assusta as pessoas. Tu trabalha, tem sua vida. O homem, quando chega perto de ti, tenta te impressionar, e a mulher empoderada não precisa se impressionar. Não é por aí. A mulher empoderada realmente quer ver o que o outro tem por dentro, não aquela questão financeira do interesse. Muitas mulheres realmente estão interessadas nisso, mas não quiseram ou não puderam estudar e trabalhar e precisam desse suporte financeiro. E tem aquelas que tentam ir à luta para poder ser livres. [Mulher, 26, Rondônia]

> Eu acho que esse movimento de empoderamento é coletivo. Cada uma faz sua parte, mas teve um movimento anterior que nos dá suporte. A palavra é relativamente nova. Eu não lembro de, dez anos atrás, ouvir isso. Tem a questão

---

[2] As falas das entrevistadas sofreram pequenas modificações de forma a facilitar sua compreensão, mas sem qualquer prejuízo ao conteúdo.

histórica de a mulher ter direito a voto, trabalhar. Esses movimentos foram feitos antes. E aí que tem essa possibilidade de ter me divorciado duas vezes, isso é um passo além. Pelo fato de ter estudado e lutado contra a corrente. Se eu não tivesse batido o pé e saído do interior, eu estaria lá ainda, trabalhando num salão. A possibilidade de se divorciar passa pela questão financeira. Mas, se você tem filho, fica com a carga mais pesada. O marido pega de quinze em quinze dias e você é julgada. [Empoderamento é]: eu vou dar para quem estiver a fim, e ninguém precisa pagar a bebida. Mas é aos trancos e barrancos. [Mulher, 30, Rio Grande do Sul]

Empoderamento vai nisso, poder escolher o que a gente quer para nossa vida e nossos corpos. O julgamento da sociedade é tão grande que coloca a gente pra baixo. Tem muitas empresas que usam a questão do empoderamento só na propaganda, mas não tem uma mulher trabalhando lá no corpo da empresa, na publicidade, é bem complicado. A mídia é um processo popular, se a gente tem o tempo todo a mídia falando que a mulher não é capaz daquilo, aquilo impacta o futuro das crianças. A gente educa nossas crianças através da mídia. Tudo está na propaganda, no filme, no desenho. [Mulher, 23, Rio Grande do Sul]

Empoderada é a mulher que trabalha, corre atrás dos objetivos, não depende de homem para nada. [Mulher, 38, Bahia]

Empoderamento é a mulher lutar por seu objetivo, querer conquistar seu espaço no mercado de trabalho e na vida pessoal. É ser livre, sem aceitar julgamentos. [Mulher, 31, São Paulo]

Ainda que haja ampla aceitação de mulheres que rejeitam a vida familiar e doméstica, entre as entrevistadas que se afirmam conservadoras, o modelo de mulher empoderada combina, necessariamente, representatividade no espaço público e protagonismo no âmbito familiar e doméstico.

Para mim, ser mulher é ser forte, guerreira, vitoriosa. É estar na lida todos os dias, sair de casa cedo para trabalhar, chegar tarde e cuidar dos filhos, para quem tem filho pequeno. É dar conselho, lidar com marido, que muitas vezes é ciumento, machista. Hoje em dia a mulher tem cargo público, está no Congresso, está na política. É ter que estar sempre disposta, ter energia. Porque o homem não tem energia. Eles acham que trabalham fora e não têm que fazer mais nada da vida. Fica tudo em cima da mulher, e a gente ainda é muito discriminada por isso. [Mulher, 49, São Paulo]

Uma mulher empoderada que não é família não me espelha, mas também se não é autossuficiente não me espelha. [Mulher, 32, Ceará]

De qualquer forma, todas as entrevistadas desejam ser mulheres empoderadas. Ou seja, mulheres que "não dependem dos homens" e que são livres para correr atrás de seus objetivos – estudar e fazer carreira, ser famosa, ser autossuficiente financeiramente, ter filhos, cuidar da família, ou tudo isso ao mesmo tempo. Mas quais são os modelos mais citados de mulheres empoderadas?

Influenciadoras

As influenciadoras ajudam a levantar a vida das seguidoras, empoderam e são empoderadas. [Mulher, 28, Amapá]

A noção de empoderamento feminino e até mesmo ideias feministas costumam alcançar as entrevistadas pela internet. Isso ocorre com frequência por meio de influenciadoras tidas como mulheres fortes e independentes, empoderadas. As influenciadoras são muitas e são bem diversas entre si. Mulheres religiosas, cantoras, atrizes, apresentadoras de televisão, celebridades de *reality shows*, empresárias, blogueiras de maquiagem, *youtubers*, *instagrammers*.

As influenciadoras podem ser seguidas por 40 mil ou 40 milhões de pessoas; todas transmitem, por sua atuação na esfera pública, cada uma a seu modo, formas de empoderamento feminino que são tidas como modelos para as entrevistadas.

Eu sigo a Belle Daltro, da Bahia, e a Tamile Garcia, do Sergipe. Eu gosto da Tamile porque ela era uma mulher casada e dependia só do marido, mas com as redes conseguiu fazer o dinheiro dela, se separou e conseguiu a independência. E da Belle eu gosto porque é uma mulher solteira, e ela não liga para o que as pessoas pensam: "Ah, tu tem que casar". Elas são mulheres negras, então elas me incentivam. [Mulher, 23, Amazonas]

30

A Maju debate todos os assuntos, ela tem conhecimento, é muito bom como ela explica, conversa com a gente. Também sigo a @cenourinhaofc, é uma menina que se achava feia porque tinha o rosto todo manchado e era muito magra. Mas ela começou a se maquiar, brincar com isso, e hoje ela usa a maquiagem dela para levantar as meninas. Sobre maternidade sigo um casal LGBT[QIAP]+, a Nanda Costa [e a Lan Lanh], que teve duas filhas. Elas são ótimas, conversam com todo mundo. E é muito bonito ver a forma como elas são mães, se dedicam a isso com muita intensidade, amor. Eu também sigo a Priscilla Alcântara. Ela é uma cantora *gospel*, os hinos dela são uma coisa que acalma, é uma coisa muito boa. Eu também gosto da personalidade dela, eleva o espírito a Deus e leva paz às pessoas. [Mulher, 28, Amapá]

Sigo muitas. Débora Pires e Cris Borges, da Comunidade Shalom, Larissa Garbiati, da Comunidade Colo de Deus, Victoria Maciel, Clara Tafner, Renata Lima Viana, Samia Marsili, Rebecca Athayde. Todas são católicas. Eu gosto da forma como elas abordam temas voltados à sexualidade que muitas vezes são um tabu muito grande na Igreja e não deveriam ser. Mostram a força de ser mulher, me encorajam. São mulheres fortes e me aproximam mais da minha fé. [Mulher, 18, Ceará]

A Adriana Arydes é uma cantora católica, eu gosto dos posicionamentos dela, ela é de família tradicional. A Simone, mulher que trabalha, que é empresária, mas que também gosta de estar com a família, eu me vejo muito nela. Ela também não aceita injustiça, e o esposo dela, que é muito companheiro, me representa demais. [Mulher, 36, Ceará]

Eu gosto muito da Karina Bacchi, como pessoa, como mãe, ela conta que ganhou autoconhecimento, sabe do que realmente gosta, pode se posicionar. Também gosto da Virgínia Fonseca, é uma *youtuber* casada com um cantor famoso, veio de família pobre e foi crescendo. Ela mostra que é possível chegar aonde ela chegou, não foi fácil, mas ela demonstra que foi por mérito próprio. [Mulher, 27, Distrito Federal]

As pessoas que eu sigo falam sobre maquiagem, roupa, mas também falam sobre coisas importantes. Eu sigo Shantal Verdelho, ela é uma *influencer*, ela mostra o que as blogueiras fazem, divulga marcas, mas também fala sobre coisas importantes, sobre feminismo, sobre o papel da mulher. Camila Cabello é uma cantora e fala bastante sobre as coisas que acontecem no mundo, quando estavam acontecendo as enchentes ela postava, pedia doações. Acho muito interessante ler livros sobre feminismo. Eu até já li sobre as sufragistas, mas acho muito interessante ouvir pessoas falando disso, e elas também transmitem as informações de outras formas. Essas blogueiras conseguem passar informação às pessoas de forma simples, descontraída. Isso é bom porque elas têm um público feminino muito grande, e esse feminismo ainda pode não ser muito aceito na nossa sociedade, que é extremamente machista. Mas elas estão entre mulheres, e as mulheres entendem. [Mulher, 23, Distrito Federal]

Anitta, Marília Mendonça, GKAY (Gessica Kayane), Taís Araújo. Essas são as que eu sigo. Anitta é uma mulher pública, ela vai ao público e fala por que as mulheres não podem fazer o que os homens fazem e por que, quando uma mulher tenta fazer algo normal, que um homem hétero faz, ela é apedrejada, ela é feminista. A Marília foi uma mulher que abriu portas num meio masculino, também apoiava o feminismo, falava que não deveria ser feio uma mulher fazer o que um homem faz e que não deveria ser julgada. GKAY é uma *influencer* na mesma linha da Anitta, questiona por que fazer algumas coisas é tão ruim, sendo que homens fazem pior. A Taís Araújo também apoia o movimento (feminista). Viralizou uma entrevista em que ela fala que está criando o filho para respeitar as mulheres, criando o filho para ser livre. (Com elas) eu aprendo que eu não tenho que ser julgada por fazer coisas que um homem hétero faz, e, se eu for, eu não tenho que me importar. Eu aprendi que tenho o mesmo lugar no mundo que um homem tem, que eu posso ser tão grande quanto, que eu tenho os mesmos direitos. [Mulher, 18, Rio Grande do Sul]

As mulheres famosas citadas pelas entrevistadas com frequência são mulheres bem-sucedidas em suas carreiras. Influenciadoras e empresárias que souberam monetizar habilidades, como Boca Rosa, Juliette, Gessica Kayane e Maíra Cardi. Mulheres negras de destaque, como Taís Araújo, Marielle Franco e Iza. Grandes atrizes, como Fernanda Montenegro. Jornalistas, como Maju Coutinho e Gabriela Prioli. E mulheres humoristas, que são valorizadas pela liberdade de expressar sua opinião, como Tatá Werneck. Porém, a mulher que é mais citada por todas também é a que mais divide opiniões: Anitta.

32

Ao lado de cantoras como Ludmilla e Luísa Sonza, Anitta é criticada, principalmente, por entrevistadas que se consideram conservadoras. Em sua visão, artistas como Anitta não seriam de fato empoderadas e feministas, pois apostam na exposição do corpo na esfera pública em detrimento de suas capacidades intelectuais. Por causa disso, são tidas como modelos negativos para a juventude.

> A Anitta se acha empoderada, e eu, por ser feminista, acho feio. Muita gente fala que Anitta é empoderada porque se expõe e não tem medo. Ela não é empoderada, é só porque ela tem dinheiro. Mulher inteligente, para mim, não expõe o corpo dela. Empoderada é a mulher responsável, que vai à luta, que procura seus direitos, que sabe se vestir. A mulher pode andar de *short* curto, mas que ela coloque respeito, porque há limites. O homem vai mexer se você deixar. [Mulher, 32, Ceará]

> Não posso deixar de citar a questão da Anitta, porque ela mesma declara: "E agora eu vou continuar fazendo o que eu sempre gostei de fazer, que é rebolar o bumbum". Eu não vou falar da pessoa dela nem do testemunho dela, que eu sei que há, inclusive ela estava até querendo louvar, né? Deus é o Deus que opera milagres, a boca fala daquilo que o coração está cheio. A Anitta nunca me representaria por eu ser uma pessoa altamente conservadora, como falei. Eu não sou radical, mas ela não é uma mulher com vivência nem uma intelectual, e sobre política ela nunca se posicionou. O posicionamento dela é completamente contrário aos meus princípios e valores, eu posso admirá-la pela carreira, o talento, ela deve continuar fazendo o que ela está fazendo, mas infelizmente ela chegou ao ponto de influenciar negativamente crianças e jovens. [Mulher, 53, Rio de Janeiro]

> Não acho que Ludmilla seja feminista. A construção das músicas está fazendo apologia às drogas. A outra é a questão da sexualização, acho que não existia necessidade de uma apologia à sexualidade, estar se beijando, se abraçando em *shows*. A partir do momento em que você não olha ao redor, não é feminismo. Você se fazer existir não é você se exibir. Anitta é muito vulgar, muda muito de parceiro e fala disso com muita naturalidade. A gente influencia aquelas que ainda vão criar personalidade e caráter. [Mulher, 37, Pernambuco]

Já entre mulheres que aprovam o comportamento de Anitta, a exposição do corpo e o recurso à sexualidade são vistos como algo que faz parte do empoderamento feminino: a liberdade. Mulheres como Anitta, Ludmilla e

Luísa Sonza seriam livres, pois fazem o que querem sem se importar com opiniões alheias.

> Anitta é um exemplo a seguir. Ela é muito julgada porque é livre e faz o que quer. Não importa o que ela faça de bom, sempre vão julgar porque ela está sensualizando no palco, está mostrando a bunda. Ela é muito foda, é uma referência. [Mulher, 25, Bahia]

> Anitta é jovem, mas já conquistou várias coisas, e, enquanto o povo fala, ela está construindo o império dela, ela quer conquistar o crescimento pessoal e profissional. Ela está vivendo, é realizada, faz o que ama, está conquistando o mundo. [Mulher, 31, São Paulo]

> A Luiza Sonza não se importa com as opiniões alheias, não se importa. [Mulher, 38, Bahia]

Contudo, há uma crítica geral que recai na admiração a mulheres famosas relativa à questão material. Por um lado, o dinheiro é extremamente valorizado como forma de emancipação dos homens. A celebração de trajetórias de ascensão social, lidas na chave de "histórias de superação", é frequente, sobretudo quando aquelas que ascenderam demonstram continuar "humildes" e procuram ajudar outras mulheres. Por outro lado, também há o reconhecimento de que a maioria das mulheres brasileiras não possui uma base material que lhes possibilite ter uma liberdade similar àquela desfrutada por mulheres famosas.

> Mulher empoderada envolve dinheiro. Ela não pede para alguém fazer, ela paga para fazer por ela. Uma mulher empoderada não depende de ninguém. Qual foi o processo? Ela teve filho? Casamento? Ela é solteira? Qual o nível dela? Para uma mulher empoderada ter filhos é mais difícil se estiver solteira. Uma mulher para crescer muito vai precisar de alguém para ajudá-la, para quando ela estiver bem ela não depender de ninguém. Hoje a gente fala de mulheres artistas, mas para mim isso não é uma mulher empoderada. Mulher empoderada é quem batalhou, conquistou. Quais são os obstáculos? Tudo envolve dinheiro. [Mulher, 31, São Paulo]

Além disso, o contato excessivo com a exposição de vidas aparentemente perfeitas pode gerar sentimentos de ansiedade e baixa autoestima entre

34

mulheres comuns. Para procurar distanciar-se de modelos inalcançáveis, sustentados pela riqueza e pela aparência de perfeição, as entrevistadas também citam como modelos mulheres empoderadas mais próximas de seu cotidiano: as heroínas comuns. Exemplos disso são: a mãe solteira que criou bem os filhos, a mulher de origem pobre que batalhou para se formar e fazer carreira, a avó matriarca que tem opiniões fortes, a mulher que venceu barreiras e preconceitos. Tais modelos, por serem mais próximos da realidade das entrevistadas, facilitam a própria percepção como mulher empoderada.

> Eu posso dizer que sou empoderada. Eu atingi o que quero, sou mãe, sou casada, tenho meu dinheiro, não fico pedindo nada para o meu marido. Minha mãe é empoderada porque cuidou do meu irmão com deficiência. A gente utiliza essas famosas como exemplo, mas, olhando para dentro, eu acho que nós somos empoderadas. [Mulher, 30, São Paulo]

> A minha mãe é uma mulher muito empoderada, ela cuidou de quatro filhos sozinha. Mas a gente tinha que ficar trancada dentro de casa, não tinha micro-ondas, tinha que comer comida fria, ela trazia comida das casas de família em que ela trabalhava. O primeiro marido bebia muito, ele jogava a comida no chão, batia na minha mãe, até o dia em que ela o pegou pelo pescoço e jogou para fora. O segundo marido começou a fazer a mesma coisa e, quando eu tinha três anos, ela o colocou para correr. Ela trabalhava a semana toda, não deixava faltar as coisas, e eu não ficava sozinha, largada. Hoje ela arrumou um companheiro que a sustenta e tem tudo o que sempre quis da vida. Ela tem 71 anos, não aparenta. Então ela é empoderada, filhos encaminhados, todos trabalham. Eu sou a primeira formada da família. É um exemplo de mulher. [Mulher, 31, São Paulo]

Assim, além de seguirem as famosas nas redes, as entrevistadas costumam seguir influenciadoras cuja vida se assemelha mais à da maioria das brasileiras. Tais influenciadoras costumam ser mulheres da mesma cidade ou região das entrevistadas e carregam marcadores sociais que as marginalizam de algum modo: pobres, gordas, negras, periféricas, com deficiência, idosas, dentre outros. A autonomia, a liberdade, a humildade e a "superação frente aos obstáculos" demonstradas pelas heroínas comuns são muito valorizadas e tendem a gerar maior bem-estar entre suas seguidoras em comparação com influenciadoras que procuram aparentar perfeição.

> Na Bahia gosto de seguir a Tia Vera. Ela começou a vender empadinhas, e, independentemente de os filhos terem muitos seguidores, segue com humildade. Sigo também a Rebeca, que teve filho e o corpo mudou muito. Ela mostra o dia a dia, o corpo, mostrando que está gorda e está feliz. São ciclos da vida, mostram mais a realidade. [Mulher, 31, São Paulo]

Machismo

> Os homens fazem as leis para eles, né? E se sentem atacados quando as mulheres chegam lá. [Mulher, 41, Rio de Janeiro]

O machismo na sociedade brasileira é evidente para as entrevistadas, presente tanto na vida pública como no cotidiano, e todas defendem a igualdade salarial e carreiras equiparadas às masculinas. Em sua visão, o machismo é responsável pela desigualdade de oportunidades de trabalho, bem como pela ideia de que as mulheres não seriam capazes de atuar em certas áreas por causa da maternidade e do cuidado com a família, o que precisa ser debatido e combatido.

> Ser mulher é um desafio muito grande. Hoje em dia a mulher acaba conquistando mais espaço em todos os níveis, mas infelizmente ainda temos muita discriminação. [Mulher, 35, São Paulo]

> Machismo é o cara achar que ele está no poder de tudo e a mulher não tem poder de nada. É totalmente ignorante. O Brasil é machista, sim, teria que melhorar muita coisa. [Mulher, 21, Distrito Federal]

> O machismo é muito estrutural, muito enraizado. Como dizer para a criança que azul é de menino e rosa é de menina. É na criação das crianças que a gente tem que intervir. E o Estado tem que investir na educação, nas escolas, e trazer ao público também, talvez palestras, na mídia. Não pode deixar que isso seja um tabu, é importante debater para mudar os pensamentos de gerações passadas. [Mulher, 18, Rio Grande do Sul]

36

Hoje sou mãe solteira, tenho que me dividir em mil. Meu ex-marido, apoio zero. Na minha visão não mudou muita coisa, tem dificuldade em relação a tudo. A mulher faz mil coisas, não somos sexo frágil. Mas eu vejo muito machismo mesmo. Até em disputa de emprego, numa entrevista. Dependendo do recrutador, se for homem, vai ter uma queda por outro homem. Vai achar que a mulher vai faltar no trabalho por causa do filho, que fica doente, mas as mulheres são comprometidas. Gosto de ser mulher, mas caso exista reencarnação eu quero voltar como homem, porque é mais fácil. Eles reclamam que trabalham mais, mas a gente faz muito mais coisas. Na minha empresa a maioria dos cargos de chefia é ocupada por homens. [Mulher, 41, Rio de Janeiro]

Minha mãe foi criada com a mentalidade de que mulher tem que ficar em casa servindo filhos e marido. Mas eu quis ter minha independência. Minha mãe foi trabalhar com quarenta anos, porque meu pai não permitia antes. Existe esse peso, essa responsabilidade em cima da mulher. [Mulher, 30, São Paulo]

Eu já trabalhei fora, mas não depois das crianças. Trabalhei desde os treze anos em fábrica de costura, mas não pagavam direitos, não era registrada. Depois do nascimento dos meus filhos eu trabalhei em transporte escolar, mas era mais difícil porque tinha que conciliar os horários. Não tinha com quem deixar meus filhos, não tinha quem pudesse me ajudar. Éramos só eu e meu marido. Quando você quer agregar experiência, ou buscar algo novo, quando a gente é mãe, você tem que saber antes: "Esse horário vai dar? Vou poder fazer de qual forma? Com quem vou deixar?". Não fazem essas perguntas para os homens. A sociedade impõe que tem que ter os mesmos direitos, mas até onde? Um homem pode faltar no trabalho para ficar com o filho? Não tem direitos iguais. Os homens têm mais privilégios. Quando a mãe sai para trabalhar e deixa o filho menor para o filho mais velho cuidar, é abandono de incapaz. Por que a mãe não estava olhando? Nós somos rotuladas. Nunca vão falar do pai. [Mulher, 31, São Paulo]

Ainda que a existência do machismo seja uma ideia corrente entre as mulheres em geral, termos estrangeiros, como *mansplaining, manterrupting, bropriating* e *gaslighting*[3], são desconhecidos pela grande maioria, assim

---

[3] Recentemente, termos em inglês vêm sendo utilizados por ativistas e demais mulheres para indicar a existência de machismo. O termo *mansplaining* é a junção das palavras de

como expressões específicas, como "cultura do estupro"[4]. A exceção é o "feminicídio"[5], termo bastante conhecido por todas.

A violência contra a mulher desperta sentimentos de raiva e revolta entre as entrevistadas. Os homens são apontados como detentores de força física superior, o que colocaria as mulheres em uma posição fragilizada do ponto de vista estritamente físico. No entanto, as entrevistadas apontaram que as violências cometidas por homens não se restringem à violência física, são também verbais e psicológicas, e abrangem as mulheres transgênero, cuja expectativa de vida é de 35 anos no Brasil, metade da média nacional[6]. Todas as mulheres entrevistadas demonstraram conhecimento sobre o assunto e citaram a Lei Maria da Penha[7].

---

língua inglesa *man* [homem] e *explaining* [explicar] e é utilizado para apontar situações em que um homem tenta explicar algo óbvio para uma mulher, ou então quando tenta convencê-la de que está errada, a despeito de ter menos conhecimento sobre o tema. Já *manterrupting*, junção das palavras *man* e *interrupting* [interromper], diz respeito a homens que interrompem as mulheres em reuniões, impedindo-as de terminar a frase ou concluir um pensamento. *Bropriating* mistura as palavras *bro*, em referência a *brother* [irmão], e *appropriating* [apropriação] para indicar situações em que um homem se apropria da ideia de uma mulher ou leva o crédito por algo que ela produziu. E o termo *gaslighting* surgiu por conta de um filme homônimo, de 1944, em que um homem tenta se apropriar da fortuna da esposa criando situações para ela pensar que está louca. A palavra é usada para circunstâncias em que percepções, memórias, raciocínio e sanidade da mulher são colocados em dúvida pelo homem. O famoso "você está louca". Fonte: Leonardo Valle/Instituto Claro, 2019, disponível on-line.

[4] O termo "cultura do estupro" tem sido usado desde os anos 1970 [...] para apontar comportamentos tanto sutis quanto explícitos que silenciam ou relativizam a violência sexual contra a mulher. Fonte: Letícia Medeiros, *Politize!*, 2016, disponível on-line.

[5] De acordo com as legislações nacionais, feminicídio, femicídio ou homicídio agravado por razões de gênero corresponde à quantificação anual de homicídios de mulheres por razões de gênero e se expressa em números absolutos e em taxas por cada 100 mil mulheres. Fonte: Observatório de Igualdade de Gênero da América Latina e do Caribe, disponível on-line.

[6] Fonte: Larissa Bortoni, *Senado Notícias*, 2017, disponível on-line.

[7] A Lei Maria da Penha foi sancionada em 7 de agosto de 2006 pelo presidente Luiz Inácio Lula da Silva. Com 46 artigos distribuídos em sete títulos, ela cria mecanismos para prevenir e coibir a violência doméstica e familiar contra a mulher em conformidade com a Constituição Federal (art. 226, § 8º) e os tratados internacionais ratificados pelo Estado brasileiro (Convenção de Belém do Pará, Pacto de San José da Costa Rica, Declaração Americana

A mulher não tem um minuto de paz. Vítima de assédio, estupro, violência doméstica. A violência é vista como "eu quero, eu posso e eu consigo", e a pessoa não vê maldade nisso. É uma coisa aterrorizante. A gente não tem segurança. [Mulher, 21, Distrito Federal]

Muita gente julga as mulheres trans, e são pessoas. A maioria das mortes é por violência. Por ter raiva, odiar aquilo, as pessoas brincam, fazem piada, espancam e matam. Estou acompanhando o *BBB* porque gosto muito da Lynn [da Quebrada]. Ela tem uma história muito legal, sobre a aceitação dela, as dificuldades que ela passou. O Brasil infelizmente é o país que mais mata trans, tem esse preconceito muito grande. [Mulher, 26, Rondônia]

O Brasil é o país que mais consome pornografia trans e mais mata mulheres trans. Preconceito mesmo. As pessoas querem ter o prazer de bater, humilhar. É alguém doente que quer descontar raiva e frustração em cima da outra pessoa. [Mulher, 24, Rondônia]

Pelo fato de a sociedade ainda ter muito preconceito, existem homens que ainda são muito machistas, com um pensamento arcaico de que a mulher está sob o poder deles. Muitas mulheres morrem por isso. [Mulher, 26, Amazonas]

[Em relação à violência] eu acho que a mulher ainda é o sexo frágil, porque às vezes a mulher está dentro de casa, sofrendo muitos abusos, sendo maltratada. O marido chega bêbado, quer bater. Algumas mulheres não têm para onde ir. E não adianta você sair do seu conforto, da sua casa, para ir morar na casa de alguém. Você tira totalmente a privacidade das pessoas. Por isso os homens abusam delas. Batem, xingam, maltratam. E tem muitas que não largam os parceiros por causa dos filhos. [Mulher, 35, São Paulo]

Na opinião das entrevistadas, para diminuir os feminicídios é preciso haver mais oportunidades para as mulheres conquistarem sua independência e uma educação baseada em valores ligados ao respeito às mulheres. Já as mulheres que se consideram conservadoras defendem com maior ênfase o aumento das penas para agressores como forma de dissuasão.

---

dos Direitos e Deveres do Homem e Convenção sobre a Eliminação de Todas as Formas de Discriminação contra a Mulher). Fonte: Instituto Maria da Penha.

Tinha que ter uma lei mais severa para isso. Só a Lei Maria da Penha é muito pouco ainda. Porque a gente não tem a força de um homem, eles são muito mais fortes que a gente. Então acho que tinha que ter uma lei mais severa para isso, sabe? [Mulher, 35, São Paulo]

Eu acredito que [a violência contra a mulher ocorre] principalmente devido às nossas leis, que são muito falhas. Eu sou completamente favorável à reformulação da nossa Constituição. Eu acredito que o governo Bolsonaro não é ideal, mas teve uma vontade nesse sentido, com a queda da corrupção, da violência aqui no Rio de Janeiro. O pessoal quer votar pena de morte para pedófilo, para homem que agride mulher, que é uma tremenda covardia, tem pessoas que se drogam, que têm problemas mentais sérios, acaba agredindo essa mulher, agride filho, mata criança, abusa de criança, é um negócio que está muito violento mesmo. [Mulher, 53, Rio de Janeiro]

Além de perceberem o ambiente doméstico como um local potencialmente violento para as mulheres, muitas entrevistadas apontam a desigualdade existente na distribuição das tarefas domésticas. A ideia de remunerar o trabalho doméstico é bem-aceita pela maioria, ainda que algumas mulheres afirmem que fazem esse trabalho por amor à família, como forma de cuidado.

O trabalho doméstico deveria ser remunerado, sim, é mais trabalhoso do que outras profissões. Mas não é remunerado porque é um serviço visto como obrigação da mulher, e não é valorizado. [Mulher, 27, Distrito Federal]

A maioria das vezes o trabalho doméstico é feito por amor, mas nem sempre é assim, às vezes é por necessidade. O trabalho em casa deveria ser remunerado? Não sei. Quando a mulher é casada, tem um retorno do marido. Em princípio eu faria por amor, cuidaria dos filhos e da casa. [Mulher, 28, Amapá]

Para mim o trabalho doméstico deveria ser remunerado. Tem muitas mulheres que não têm ensino fundamental, ensino médio, e dependem de alguma renda, mulheres com filhos, elas precisam. Se a mulher for casada, seria legal também, porque ela teria sua independência. Mas acho que é assim hoje [não remunerado], porque o machismo ainda é um pouco forte. [Mulher, 21, Amapá]

Em um casal, se os dois fazem o trabalho doméstico juntos, acho que não [precisaria ser remunerado]. Mas se tu faz sozinha, aí poderia ser remunerado,

40

porque talvez seria um desgaste maior. Fazer tarefa de casa não é fácil. [Mulher, 18, Rio Grande do Sul]

Acredito que deveria ser remunerado sim, é um trabalho como todos os outros. [Mulher, 23, Amazonas]

Maternidade

Ser mãe limita muita coisa. Mulheres não querem isso, têm outros sonhos. [Mulher, 27, Distrito Federal]

Todas as entrevistadas concordam que a maternidade é opcional, uma decisão que nunca deveria ser imposta. Ainda que algumas entrevistadas afirmem que todas as mulheres possuem algo como um "instinto materno" ou "dom da maternidade", há uma aceitação geral de que a mulher deve ser livre para decidir sobre a maternidade.

Se um filho não se projetar no seu futuro, não tenha. A vida é um livre-arbítrio, você não tem que ter filho porque a sociedade pensa que a mulher foi feita só para produzir filho, hoje a gente não vive nessa situação. A mulher não é uma fábrica para ficar fazendo criança, e o homem hoje não é mais só um provedor. A mulher tem que ser independente e saber o que ela busca, inclusive para saber se ela quer ou não construir uma família. [Mulher, 37, Pernambuco]

Para tudo na vida a gente tem que ter o dom. A mulher já nasce com o dom da maternidade, mas nem todas se identificam. Para quem gosta, a maternidade é algo muito bom, mas eu entendo que há mulheres que não querem ser mães, a maternidade não é esse paraíso para todo mundo. [Mulher, 42, Ceará]

A maternidade é uma decisão pessoal, não é uma obrigação. É muito gasto financeiro, emocional, psicológico. Tem mulheres que não querem isso. [Mulher, 27, Distrito Federal]

As entrevistadas que são mães frequentemente comentam sobre dificuldades para conciliar a vida profissional com a maternidade. Contudo, nenhuma concorda com a ideia de que trabalhar fora prejudica, necessariamente, a família e a criação dos filhos, embora isso seja considerado

41

um desafio por causa do machismo presente na sociedade, como foi apontado anteriormente.

> Quando a mulher decide trabalhar fora, também é para dar um conforto para a família. Dá para conciliar maternidade e trabalho fora de casa quando existe uma união e todos compreendem que a mulher sair para trabalhar é algo para o benefício de todo mundo. [Mulher, 42, Ceará]

> É um jogo de cintura muito grande para conciliar ambos, porque a sociedade espera que a mulher dê conta de tudo. Vinte e quatro horas é pouco para nós. É exaustivo. Mas a mulher não é só mãe, tem que evoluir. Ser mãe tem que agregar, não atrapalhar. [Mulher, 27, Distrito Federal]

> Com certeza nós temos muito mais dificuldade para tudo, mas eu acho que hoje em dia, de um modo geral, a sociedade não é mais tão preconceituosa em relação à mãe que trabalha fora. [Mulher, 26, Amazonas]

Com o intuito de contornar alguns dos obstáculos da maternidade, as entrevistadas mais jovens afirmam que preferem ser mães apenas após conquistar estabilidade financeira.

> Eu até penso, mas muito mais para a frente, quando estiver estabilizada financeiramente. [Mulher, 17, Rio Grande do Sul]

> Eu quero ter estabilidade, pensar em mim primeiro, para depois ter filhos. [Mulher, 17, Rio Grande do Sul]

Já as mulheres que se identificam como conservadoras, a despeito de frisarem que a maternidade é uma opção, salientam que ser mãe é algo sagrado. Nesse sentido, a maternidade é encarada como "dádiva", uma experiência profundamente transformadora na vida de uma mulher.

> A maternidade para mim é uma dádiva, um dom. Mesmo sendo solteira, tive meu filho aos 21 anos. Gabriel é meu anjo, é uma grande motivação para mim. Ele se tornou um homem de caráter, mesmo com todas as dificuldades, minha mãe me ajudou a criá-lo. A maternidade mexe muito conosco, nos torna muito mais humanas, mais sensíveis. A mulher tem a opção de ser mãe ou não, eu respeito essa opção, mas acredito que as mães têm esse coração voltado para a causa humanitária. A gente tem um grupo de oração, "Mães de joelho, filhos de

pé"; são mulheres que desabafam, uma ajuda a outra, uma conta a experiência falando sobre casamento. Maternidade foi algo que transformou minha vida. [Mulher, 53, Rio de Janeiro]

Eu fui mãe aos 31 anos. Para mim ser mãe é um dom de Deus, uma dádiva, uma coisa sagrada que você carrega na barriga. Você vê o coraçãozinho se formando, a costelinha...é inexplicável o amor que a gente tem por um filho, a gente mata, faz tudo por eles. É um dom de Deus lindo. A maternidade me transformou muito, me fez um ser humano melhor por ver as carinhas chamando mamãe todos os dias. É uma alegria divina, não tem explicação tanto amor. Ver aquelas coisinhas perfeitas saindo da gente. É a coisa mais linda que Deus pode ter dado para nós, mulheres. [Mulher, 35, São Paulo]

Eu mesma não queria ter filhos, queria ser independente, mas aí engravidei e minha filha mudou minha vida. [Mulher, 37, Pernambuco]

Feminismo

Feminismo é lutar por uma causa que já vem de muito tempo: a busca de direitos que deveriam ser iguais para todo mundo. [Mulher, 42, Ceará]

Quando confrontadas com a pergunta "você se considera feminista?", independentemente da resposta dada, a maioria das entrevistadas procurava ressaltar seu distanciamento de radicalismos e sua proximidade com a ideia de luta pela igualdade, ou seja, de direitos iguais para mulheres e homens.

Eu acho que, de certa forma, sou feminista, sim. Quando há diferença por ser mulher, acho que devo lutar. Mas acredito que tem também o lado negativo. A mulher não deve ser submissa ao homem, mas temos que entender que há coisas que competem ao homem, como trabalho braçal, e as feministas às vezes são um pouco radicais. Existe um certo exagero, uma certa imposição. Deveriam ser mais pacíficas, conversando, mostrando o porquê das questões, com trabalho, com profissionalismo. [Mulher, 42, Ceará]

Não tem problema nenhum uma mulher falar que é feminista, lutar pelos direitos das mulheres. Ser feminista não é a questão em si. Acho que talvez ter uma opinião radical, de que nenhum homem presta, não é bem assim. A gente vê mulheres que têm atitudes que são reprováveis. Não são corretas, ou não têm compaixão do outro, não olham para outra pessoa. A gente não pode se guiar por uma opinião de que os homens têm que ser abominados na Terra. [Mulher, 30, Bahia]

Quem se diz feminista é muito radical: se não for assim, não tá bom. Se Deus criou o homem e a mulher, é porque precisam um do outro. Ninguém vive sozinho. Eu respeito, mas não concordo com todas as ideias. [Mulher, 36, Bahia]

Ainda que nem todas as entrevistadas se reivindiquem feministas, algo que chamou atenção durante a pesquisa foi que o feminismo, tido como sinônimo de luta por direitos e igualdade, é bem recebido e mesmo reivindicado por mulheres que se afirmam conservadoras. Todas as entrevistadas que se afirmaram conservadoras e feministas entendem que se reconhecer feminista significa apoiar a luta pela valorização das mulheres na sociedade, ainda que discordem da postura adotada por feministas tidas como radicais.

Eu acho que, sim, sou feminista. Porque eu estou aqui para lutar com as mulheres. Temos que defender umas às outras. Se eu vir uma mulher apanhando na casa dela, apanhando do marido, eu vou lá ajudar. Vou levá-la à delegacia, fazer o que for para ajudar. Acho que eu sou, sim, feminista, as mulheres têm que correr atrás de tudo o que elas querem, serviço, emprego. Têm que poder fazer tudo o que quiserem, sem o olho machista do homem em cima. Porque eles são machistas. Se puder deixar trancada dentro de casa eles deixam, para ter a mulher só para ele. Então, eu acho que sim. [Mulher, 35, São Paulo]

Não acho certo ser aquela feminista totalmente extremista, por exemplo a Marielle [Franco]. Mas gostava dela por ser mulher, negra, estar ali na frente de muitos homens, falando. Gostava dela, mas discordava. [Mulher, 32, Ceará]

Nesse sentido, a exceção foi apenas uma entrevistada que disse ser "feminina" e não feminista. Em seu entendimento, as feministas hoje seriam ativistas que expõem o próprio corpo para chocar a sociedade e não aceitam o diálogo, "forçam a barra". Em sua visão, as feministas não representam as mulheres que são mães e esposas. Para as demais entrevistadas que se afirmaram conservadoras, porém, é possível e desejável conciliar o feminismo com a maternidade, o casamento e a família.

44

Acho que feminismo e conservadorismo são coisas completamente antagônicas. Eu sou feminina. A feminista não me representa em nada, no diálogo, na postura, no posicionamento político. A feminista nem aceita diálogo. E os ideais, quando você analisa a fundo, são contraditórios com a feminilidade, são contraditórios com ser esposa, mãe. O negócio das feministas é "liberou geral", "vamos tirar a roupa", olha que loucura. É uma faca de dois gumes. Ser feminista é querer forçar a barra. É completamente contra os meus princípios. Eu não sei por que elas foram por esse caminho de ah, vamos tirar a roupa. Por quê? Para chamar atenção? Eu creio que o feminismo não alcançou por completo seu objetivo, começou de uma forma e depois meio que dispersou. Porque, acima de tudo, a gente tem que preservar a nossa imagem enquanto mulher, enquanto geradora de vida, né? [Mulher, 53, Rio de Janeiro]

As mulheres que vão à rua fazendo militância, vandalismo, não me representam. Eu sou feminista, incentivo outras. A gente pode ser feminista e ficar em casa, cuidando dos filhos, ser dona do lar, a gente pode lutar também e correr atrás, incentivar outras. Não sou aquela feminista de sair às ruas, mas a gente pode reivindicar nossos direitos de outras formas. Eu sou feminista, mas não sou ativista, e não é generalizando, porque tem muitas feministas que conheço que lutam de outras formas. Cada uma pode lutar pelos nossos direitos de diferentes formas. É isso que as mulheres estão precisando, estão precisando de exemplos. [Mulher, 44, Rio Grande do Norte]

Eu acho que a mulher não tem que ir para movimento para se expor tanto assim, mostrar os seios. A gente consegue ocupar o nosso espaço, né? Não precisa ser tão liberal. Eu acho que as feministas deveriam defender as mulheres de uma maneira melhor, que não as expusesse tanto. É preciso defender a família, o casamento, os filhos, e defender as mulheres contra o estupro também. É preciso defender a maneira como a mulher se veste. Não é porque ela veste *short*, blusinha que quer dizer o que a mulher é, é a postura que tem por trás daquilo. A mulher tem que ser respeitada, independentemente da roupa que ela esteja usando. Mas, para defender nossos ideais, não precisa se expor tanto assim. [Mulher, 49, São Paulo]

Feministas para mim são as mulheres que defendem seus próprios valores – civis, políticos, sociais. Mas eu sou contra feminista que vai à rua mostrando o peito, tirando a roupa, porque mulher tem que se valorizar. Não pode sair mostrando tudo por aí, tem que ser bem reservada. As feministas querem defender um propósito político, civil, e querem defender a própria mulher também. Que a mulher tem o seu valor, que a mulher não tem que aceitar tudo o que falam, que nós estamos aqui para vencer. Então acho que elas estão aqui para mostrar isso, sabe? Eu acho que as feministas atuam para defender todas as mulheres, e não aceitar homem que bate em mulher, e não aceitar homem que não gosta que mulher saia para fazer a unha, cabelo. [Mulher, 35, São Paulo]

A questão da exposição do corpo também divide opiniões entre mulheres que não se afirmam conservadoras. A rejeição do feminismo associado à sensualidade e ao empoderamento sexual, bem como às táticas de choque empregadas por ativistas durante as Marchas das Vadias, que realizaram protestos com seios desnudos e *performances* sacrílegas, é frequente entre a maioria das entrevistadas.

Através do feminismo tivemos grandes conquistas. Mas o que é apresentado nas redes eu não gosto, porque não preciso sair à rua expondo meus seios, pegando símbolos religiosos e enfiando [no ânus]. Acho que isso é uma falta de respeito, mas as causas que foram ganhas me representam. Deveríamos agir com sabedoria. A mulher sabe se posicionar para conseguir algo, a mulher tem poder de persuasão, de se unir, mostrar o que nós queremos, não precisa de todo esse alvoroço. Eu não posso abusar dos direitos que eu tenho, sair balançando os peitos e achar que todo homem tem que aturar isso. São limites que precisam ser estabelecidos. [Mulher, 27, Distrito Federal]

Os homens olham mais uma mulher bem arrumada do que uma mulher pelada. Tudo bem usar um decote, mas as mulheres não precisam disso. Protesto tem que saber fazer, não vou a um lugar público botar os peitos para fora, vamos para uma praia de nudismo. Tem que se dar ao respeito. Vou mostrar o peito e resolver o problema? Todo mundo vai falar sobre o peito e não sobre o assunto. [Mulher, 45, Rio de Janeiro]

A Marcha das Vadias dá uma ideia ruim do que é ser feminista. Fica meio com esse estereótipo. Objetifica a mulher. [Mulher, 30, Bahia]

Às vezes as feministas são um pouco radicais. Botar o peito para fora no meio da rua não é legal. Para amamentar meu filho é normal, mas atravessar a Paulista de peito de fora, gritando, é errado, uma atenção desnecessária, muito radical, vai ter criança olhando, isso é uma incitação de revolta. O corpo é meu, então faço dele o que eu quero, só que não é porque é meu corpo que eu posso tudo. No público, a influência que você vai causar nas crianças pode ser um trauma. Criança tem que ser criança. Essa vulgaridade é uma má influência. [Mulher, 28, Amapá]

O que elas pregam não é feminismo. É para quê? Para essa sexualidade exarcebada, que não acho bacana? Não se enquadra no que penso. Feminismo é você ser empoderada, se sustentar, ser alguém decente. Sempre vejo a questão do feminismo mais relacionada à sexualidade, isso não é feminismo. A sexualidade tem que ser respeitada, mas não é isso. Feminismo é estar no poder, ser uma liderança capaz, ser estudada. Mas o que vejo hoje é isto: feminista é sexualidade, vou ficar com todo mundo. E não é, feminismo não é isso. Esse feminismo desvaloriza a mulher, não a favorece. O que estão pregando é uma coisa de sexualidade. Feminismo é você provar que tem capacidade. Eu sou igual a você, sou intelectual como você, feminismo é isso, se portar na altura do homem. Nessas passeatas, botam peito para fora, e tem criança ali. Vamos respeitar o outro, vamos ter bom senso, pelo amor de Deus, cara. Esse feminismo perde a noção do que é certo e errado. [Mulher, 41, Rio de Janeiro]

É possível afirmar que o emprego de tais táticas de choque acabou por reforçar entre a maioria das entrevistadas a ideia estereotipada da feminista radical, intransigente, autoritária e que fomentaria o ódio aos homens, amplamente rejeitada por quase todas as entrevistadas.

Essa ideia de que todas as mulheres têm que ter o mesmo pensamento sobre determinado tema, seguir aquele encaixotamento, não é por esse lado. Se a mulher quer ser dona de casa, ela tem o direito; se quiser trabalhar, também. [Mulher, 30, Bahia]

Eu não me considero feminista e não gosto muito dessas mulheres feministas. Eu vi uma feminista falando que um homem abriu a porta do carro e ela se ofendeu. [Mulher, 38, Bahia]

Tudo na vida tem um limite, às vezes foge um pouco do controle. Tem certas situações em que a gente pode ver o outro lado, nem tudo é culpa do homem, pegam pesado. Tem mulher que reclama que o marido não é romântico, e outras acham isso uma ofensa para a mulher. [Mulher, 31, São Paulo]

Eu acho o movimento feminista muito importante, eu admiro, mas não me considero feminista. Certas pessoas ultrapassam limites, e aí eu não gosto. Como o ódio ao homem, tudo é culpa do homem, nem sei se isso faz parte do movimento, mas a pessoa usa da causa para fazer isso. [Mulher, 25, Bahia]

Feminismo é uma base, a ideia é ser um empoderamento, só que às vezes algumas pessoas usam isso de forma errada. Nem sempre tudo é preconceito. Eu tenho um pouco disso e um pouco daquilo. As mulheres reclamam muito do machismo dos homens e às vezes acabam indo pelo mesmo caminho. A gente tem que lutar por igualdade, não por ser mais do que isso ou aquilo. [Mulher, 28, Amapá]

Homens podem ser aliados. Feministas acham que homens não são aliados das mulheres. O feminismo, às vezes, leva tudo ao pé da letra. [Mulher, 23, Rio Grande do Sul]

Já as entrevistadas mais jovens se dividem no apoio à exposição do corpo em protestos. Existem aquelas que não desaprovam o recurso às táticas, sobretudo ao reconhecer que o feminismo possuiria várias vertentes.

Acho que é uma coisa muito necessária para proteger e orientar as mulheres, mas ainda não é um movimento tão respeitado quanto necessário. Eu acho que em todo movimento hoje em dia existem pessoas extremas demais, só que é uma minoria. A partir do momento em que tu generaliza demais, onde tu culpa todos, aí é extremo. Não são todos os homens que são machistas, mas é a maioria. Acho correto sair às ruas para protestar. [Mulher, 18, Rio Grande do Sul]

Eu me considero feminista, sim, não tenho mente fechada para certas coisas. Se eu quiser andar sem blusa, com pelos nas axilas, eu vou andar. Depende de mulher para mulher. Posso ser feminista e me depilar, não tem essa de ser mais feminina e tal. [Mulher, 26, Rondônia]

No entanto, para as demais entrevistadas, as táticas de choque seriam dispensáveis pois representam uma objetificação do corpo feminino e degradam as mulheres no espaço público. Em sua visão, o diálogo respeitoso e o decoro são as melhores formas de intervir em favor das mulheres no debate público.

Querendo ou não, o ato de tu vestir roupas provocantes não vai auxiliar no movimento, mas vai dar aos homens o que a sociedade quer ver das mulheres. Ah, porque sou mulher, posso fazer o que quiser? Claro, as pessoas têm

autonomia, mas ações refletem no coletivo, sobretudo em grupos marginalizados. Eu acredito que essa vertente busca autonomia e equidade de uma maneira
muito individualista, não concordo muito. [Mulher, 16, Rio Grande do Sul]

Eu acho que o extremismo é o reflexo de quem está perdido, de quem não sabe
por que está lutando. Todo mundo tem liberdade, se eu quiser ter pelos na axila
eu vou ter. Ah, porque eu raspo você tem que raspar. Eu gosto de suco de limão,
a amiga, de laranja, eu não vou forçar o suco de limão goela abaixo. Você está
servida? Quer experimentar? Não quero, então pede o seu e vamos continuar
dialogando e está tudo certo. Senão perde o foco. A resposta extremista é o que
se aprendeu a fazer contra o machismo extremista. Não tem por que você gritar
numa discussão se você tem razão. Eu vou falar mais baixo porque eu quero
ser escutada; quanto mais baixo, mais elas se calam para escutar. Se eu tenho
propriedade, conhecimento, eu não preciso gritar. Eu vou conseguir atenção.
Isso serve para todos os aspectos da vida. [Mulher, 35, São Paulo]

Mesmo as entrevistadas que afirmam ter simpatia pelo feminismo muitas vezes sentem receio de se afirmar feministas para não se associarem à
exposição do corpo em público e à radicalidade. Além disso, é frequente
a compreensão de que o rótulo de feminista se aplica apenas às mulheres
ativistas ou, ainda, a de que só seriam feministas mulheres que assumissem
determinadas condutas. Nesse sentido, são comuns afirmações como: "Eu
faço as unhas, eu me depilo, então não posso ser feminista".

Não me considero porque eu não luto pelos direitos das mulheres, mal consigo
lutar pelos meus direitos. [Mulher, 34, São Paulo]

Sempre escuto: "o protesto de mulheres"; "aquela mulher se diz feminista e se
posicionou contra outra mulher". Feminismo é uma mulher que defende outra
mulher, mas nem sempre a mulher está certa. Você vai apoiar a mulher no erro?
Você vai apoiar a mulher que bate no marido? Se feminismo é estar do lado de
qualquer mulher, não, daí sou antifeminista. [Mulher, 31, São Paulo]

Eu não me considero feminista, mas apoio as causas. O feminismo tem toda
uma religião da mulher, e eu sou cabeça fechada para algumas coisas. Mulheres que não fazem depilação íntima, e eu faço, gosto de usar roupas femininas, então não me considero feminista. Eu não consigo viver como uma
feminista. [Mulher, 23, Rondônia]

49

No que diz respeito à relação entre feminismo e a atuação de Jair Bolsonaro, as entrevistadas mais jovens e aquelas que ficaram decepcionadas com o político não hesitam em classificá-lo como machista e grosseiro.

> Bolsonaro não trouxe nada de bom. Ele é machista, grosso. [Mulher, 35, Rio de Janeiro]

> Não tenho nem palavras, ele não se importa com as mulheres. Quantas vezes a gente viu Bolsonaro e as pessoas do seu mandato desrespeitando mulheres? [Mulher, 18, Ceará]

> Ele faz muito descaso, ele não se posiciona bem sobre as mulheres, não gosto dele. Acho que ele é ignorante. [Mulher, 25, Distrito Federal]

> Acho que Bolsonaro tem muitas falas machistas e realmente eu não vi algo que ele tenha feito pelas mulheres que tenha tido relevância. Ele pode até ter feito alguma coisa, mas em relação às mulheres não. [Mulher, 25, Bahia]

> O cara falar que a filha foi uma fraquejada e ter mulher apoiando? Que erro eu cometi na vida. É você não entender que os caras que o apoiam têm o mesmo pensamento. Eu até dei um tempo na minha rede social. Meu pai me pediu perdão por ter votado no Bolsonaro: "Filha, eu não sabia que ele era tudo isso". Minha mãe falava: "Olha a porcaria que você está fazendo". [Mulher, 35, São Paulo]

> Acho o Bolsonaro machista. Ele diminui um pouco as mulheres. Ele está num governo muito antigo, não era mais para esse tipo de assunto ser tratado no século XXI. Homofóbico, menino de azul, menina de rosa, uma mente muito pequena. [Mulher, 21, Amapá]

Porém, as mulheres que se afirmam conservadoras consideram que o bolsonarismo e o feminismo são compatíveis. Para elas, Jair Bolsonaro foi rotulado como machista de forma equivocada por conta do episódio com a deputada petista Maria do Rosário[8]. Segundo essas mulheres, ainda que Bolsonaro seja "um pouco falastrão e polêmico", no fundo ele seria

---

[8] Em 2003, Jair Bolsonaro, então deputado, afirmou em meio a uma entrevista para uma rede de televisão, em resposta à deputada que o chamara de "estuprador": "Só não te estupro porque você não merece". Fonte: *Carta Capital*, 2017.

50

"autêntico e honrado", um "homem de família". Ou seja, para as que se reivindicam conservadoras, Bolsonaro não seria machista, pois se preocupa com as mulheres e cuida delas. Um exemplo disso seria sua atitude positiva com a própria mulher, Michelle Bolsonaro.

> Votei no Bolsonaro, sou feminista. A gente é feminista da nossa forma. A gente busca nossos direitos, se é certo para a maioria, é positivo. Essas feministas acham que ele é machista por causa de uma palavra. Porque ele ofendeu outra mulher, a deputada Maria do Rosário, já rotularam: "Não respeita a mulher". Aí vem Michelle Bolsonaro e derruba essa visão machista a respeito dele. [Mulher, 32, Ceará]

> Bolsonaro está levantando a bandeira do patriotismo. Algumas posturas dele não ajudam, mas ninguém é perfeito, e ele até já se retratou. Não tem essa discriminação de negro, de homossexual, pelo contrário, né? Ele tem um bom relacionamento [com pessoas negras e LGBTQIAP+]. [Mulher, 53, Rio de Janeiro]

Para além de não se sentirem representadas pelo que classificam como "feminismo extremista", ou mesmo "feminismo de esquerda", essas mulheres sentem que as "feministas de esquerda" são intolerantes com mulheres conservadoras, que priorizam o lar e são religiosas.

Em sua visão, a religiosidade não é incompatível com o feminismo. Argumentam que a fé é uma questão individual e o feminismo é uma luta coletiva e pública; portanto, pertencem a âmbitos diferentes. Nesse sentido, o "feminismo de esquerda" se equivocaria ao rotular mulheres conservadoras como submissas e ao não compreender que elas podem ser modelos de empoderamento.

> Pode ser feminista e ser religiosa ao mesmo tempo, não tem nada a ver uma coisa com a outra. O fato de você ter uma religião em nenhum momento quer dizer que você não possa ser uma mulher empoderada, ativa, que luta na política, que luta pela sua família, no trabalho. Ser feminista não tem nada a ver com a religião. Se eu acho que uma saia longa me faz mais santa, isso tudo é ideologia, não tem nada a ver com o que você é, com a sociedade. [Mulher, 37, Pernambuco]

As feministas têm preconceito. Elas acham que o feminismo não engloba isso. Se a mulher está dentro de casa, cuidando dos filhos, fazendo comida, acham que isso vem do macho. Elas são contra a gente que é feminista desta forma, a gente que sabe lutar a favor de nossos direitos de forma mais comportada. Existem feministas contra as feministas. Existem extremistas e a gente, que é mais conservadora. Elas mesmas não acreditam na gente: "A mulher não vai conseguir porque ela é mãe". Existe aquela fulana que critica essa pessoa aqui, que critica por estar dentro de casa. Só acredita quando você está convivendo com ela. [Mulher, 32, Ceará]

Eu vi muito no Carnaval aquela simbologia com a morte de Jesus. Querendo ou não, elas também denigrem a religião, elas acabam gerando uma coisa muito feia. Já usaram crucifixo para todo mundo ver. Não precisava, foram extremistas demais e desonram a imagem não só de quem é evangélico, mas também dos católicos. [Mulher, 37, Pernambuco]

Eu tenho expectativas. Porque eu era de esquerda, apoiando PT, e me tornei de direita a partir do meu posicionamento como mulher cristã. Porque eu acho que hoje em dia é muito raro você encontrar um cristão que seja de esquerda, haja vista tudo o que está acontecendo, o que aconteceu, essa quadrilha que foi desbaratada. [Mulher, 53, Rio de Janeiro]

Em resumo, para aquelas que se afirmam conservadoras, o "feminismo de esquerda" as atacaria direta ou indiretamente a despeito de ter a pretensão de representar todas as mulheres. Em sua visão, o feminismo deveria dedicar-se menos a ruidosas atividades de rua e mais a um trabalho silencioso, cotidiano, constante, no âmbito individual de cada mulher, pautado na solidariedade a outras mulheres.

É como se todas as mulheres compactuassem com isso, e não é verdade. Elas não falam por todas as mulheres. A mulher hoje faz trabalho de formiguinha para buscar nossos espaços. Eu vou lá comendo pelas beiradas e um dia eu consigo, mas isso vem de gerações, você vai conseguir no diálogo, na conversa, na união. [Mulher, 32, Ceará]

Interseccionalidade

Esse elitismo no feminismo às vezes acaba sendo uma barreira para chegar a outras mulheres. [Mulher, 23, Distrito Federal]

Todas as entrevistadas concordam que o machismo é ainda pior para mulheres não brancas, LBT+ e de baixa renda, considerando a sobreposição com o racismo, a LGBTfobia e a desigualdade social. Ou seja, ainda que o termo "interseccionalidade" não seja empregado pelas entrevistadas, a ideia de que existe uma sobreposição de opressões de raça, gênero, sexualidade e classe é aceita por todas. Contudo, a palavra "preconceito" é mais utilizada em comparação com termos como racismo, homofobia e transfobia.

Na época da escravidão, as mulheres negras eram sequestradas para ser estupradas, e acho que muito homem vê uma mulher negra como alguém mais frágil ainda, mas muitas vezes elas são mais fortes por essa questão de sofrer muito. Olha a Elza Soares, tão pobre e chegou tão longe. Ela era empoderada. Chega a ser uma inspiração o tanto de mulher forte que tem representado a gente. [Mulher, 18, Ceará]

A cor da pele influencia muito os padrões, é mais difícil conseguir emprego, muita coisa é mais difícil. É um preconceito que a sociedade ainda tem. O Brasil é um país racista, sim. [Mulher, 28, Amapá]

Acredito que mesmo uma mulher negra com *status* social ainda vai sofrer um certo preconceito. Sempre vão achar que ela fez alguma coisa para estar lá. Vão ligar aquele sucesso a algo que não seja mérito dela. Ainda mais mulheres de classe baixa, existe muito esse preconceito. [Mulher, 23, Distrito Federal]

Tem preconceito com gente pobre, pessoas negras, LGBT[QIAP]+. [Mulher, 30, São Paulo]

Todos que fogem de um padrão são pessoas que sofrem muito preconceito e discriminação, e culmina na segregação, morte. Com mulheres transexuais não é diferente. Elas têm uma expectativa de vida baixa só por se identificarem, por existirem, serem consideradas erradas, têm dificuldade de encontrar emprego. [Mulher, 16, Rio Grande do Sul]

Às vezes parece que tem que morrer uma mulher para as pessoas se darem conta do que as negras passam. O que os negros passaram foi uma atrocidade, foram muitos anos de escravidão. É a carne mais barata, porque teve essa questão da escravidão, simplesmente ninguém fazia nada. Eu acredito que muitas pessoas deveriam ter consciência disso. Eu já ouvi pessoas dizendo que cotas raciais não precisavam existir. Tu não tem ideia do que aconteceu? [Mulher, 26, Rondônia]

O nosso país tem um problema grave porque foi construído por gente muito ruim, que escravizou e matou negros e índios e que se mantém ainda hoje. Todo o processo de mudança para deixar mulheres em cargos mais altos, como governadoras, prefeitas, mulheres trans na política, como aquela Hilton, que é maravilhosa. Enfim, agora a gente retrocedeu muito. [Mulher, 30, Rio Grande do Sul]

Para as entrevistadas que se afirmam feministas, o feminismo no Brasil ainda é muito "branco" e "de elite". Em sua visão, para se tornar mais potente e transformar a realidade de mais brasileiras, o feminismo deveria alcançar mais mulheres socialmente oprimidas, abranger uma diversidade maior de mulheres e ser menos elitista.

Eu acho que existem muitas vertentes que defendem questões diferentes. Hoje em dia, apesar de já termos conseguido muitos direitos, ainda existem pendências, precisamos continuar lutando. Antes o feminismo era muito focado em mulheres ricas, acesso ao conhecimento, voltado para brancas, mulheres cisgênero. E acho que dentro do movimento tem mulheres que são excluídas: negras, periféricas, pobres, trans, é importante tentar abranger todas. [Mulher, 16, Rio Grande do Sul]

Ainda tem muito o feminismo das brancas, mas a gente precisa olhar para o feminismo negro, as mulheres negras são as que mais sofrem. Como diz a Elza Soares, é a carne mais barata do mercado. Elas têm que colocar que moram em outro lugar para arrumar emprego. Tenho uma amiga que, para conseguir emprego, não botava foto e nunca era chamada. Ela teve que abrir um restaurante na casa dela porque no mercado não era absorvida, mesmo tendo curso superior. E nós feministas brancas pensamos no empoderamento, ter o meu dinheiro, ganhar mais, mas temos que ouvir mais as feministas negras e perceber que elas ainda estão mais embaixo. O feminismo no Brasil está resistindo, mas é muito burguês ainda. O Mano Brown, quando fez aquela crítica, ele falou: "Eu sabia que a gente tinha perdido as eleições quando vi que todas as pessoas brancas estavam gritando lulalá e a galera preta estava pró-bolsonaro". O feminismo brasileiro leu muito as brancas, mas não lê a Djamila Ribeiro e quem a inspira. [Mulher, 30, Rio Grande do Sul]

Se eu chegar numa mulher leiga que não sabe inglês, eu não vou falar "ele fez *mansplaining*", acaba tendo uma barreira. No caso do feminismo, as mulheres são o público-alvo, e muitas vezes o feminismo é imprescindível para mulheres de baixa renda, marginalizadas. O feminismo deveria ser para elas, deveria ter essa facilidade, esse acesso, na língua que elas entendem. [Mulher, 23, Distrito Federal]

É necessário ir em busca das mulheres que realmente precisam conquistar seus direitos. Muitas vezes as universidades são locais onde as pessoas já sabem quais são seus direitos e já sabem se defender, diferente de uma mulher na comunidade precisando de ajuda, e nessas horas o feminismo parece que não aparece muito. Vejo que é mais uma luta por um direito, mas não pelas pessoas que precisam desse direito. O que importa para o feminismo muitas vezes é aparecer, *status*. Onde se deve lutar mais é na base, não só com palestra em faculdade. [Mulher, 26, Ceará]

Se você for em uma comunidade carente, perguntar o que é feminismo e perguntar o nome de uma feminista, as pessoas não vão saber. Acaba sendo algo de classe média, classe média alta, de mulheres que não são dependentes do marido nem de ninguém, financeiramente ou psicologicamente. Já para as mulheres que se submetem a situações graves por um prato de comida, o feminismo está ausente. É preciso que chegue até elas para que entendam os seus direitos. Acho que é falta de empatia. E talvez a mulher de baixa renda dificilmente tenha coragem de ir à rua a se manifestar: "Meu marido vai me bater, ele não vai gostar". Dificilmente vai sair de onde ela está. Acho que as feministas olham para a mulher de baixa renda como alguém que não vai agregar, não vai se posicionar, não vai fazer diferença porque não tem conhecimento. Mas a gente teria que levar o conhecimento até elas. [Mulher, 27, Distrito Federal]

Sororidade é se colocar no lugar do outro. A Manu Gavassi deu uma aula sobre isso no *BBB*. [Mulher, 28, Amapá]

Gênero e sexualidade

> Hoje em dia, se o outro é diferente, isso é um problema. A gente não tem que julgar, tem que apoiar. Se sua criação diz que tem que amar o próximo, e não julgar, você vai amar. [Mulher, 28, Amapá]

No que tange a discussões relacionadas a gênero e sexualidade, todas as entrevistadas têm abertura para o diálogo com pessoas LGBTQIAP+, sobretudo por meio da chave do respeito e da não violência. Mesmo para as entrevistadas que acreditam que ser homossexual ou trans é um pecado, existe o entendimento de que essas pessoas não devem sofrer ou ser estigmatizadas por isso. Nesse sentido, a LGBTfobia é amplamente condenada, e ideias relacionadas a amor, acolhimento e cuidado são mobilizadas com frequência.

> O Brasil infelizmente é o país que mais mata trans, tem esse preconceito muito grande. As pessoas que mais criticam são da Igreja, mas Deus é amor. Se for pensar pelo lado religioso, a pessoa não tem autoridade de falar aquilo, quem tem é Deus. Quem vai se acertar no fim é a pessoa com Deus. Você tem que pregar amor, não julgar, apontar. [Mulher, 26, Rondônia]

> Gênero é de cada pessoa, gênero sexual. Eu acho que Deus fez o homem e a mulher para ficarem juntos, mas o mundo vem mudando, nós estamos no século XXI, e tem muitas mudanças. Eu respeito a sexualidade de todas as pessoas. No hospital tem muito gay, respeito todos, o meu melhor amigo é, para mim ele é um exemplo de sobrevivência. Tem uns que passam na rua, xingam, agridem eles, então eles estão em uma luta constante também, igual às mulheres sendo agredidas. Que todo mundo seja feliz com o que escolheu ser. [Mulher, 35, São Paulo]

No entanto, entre as entrevistadas que se afirmam conservadoras, a ideia de que é necessário combater o que compreendem como "ideologia de gênero"[9] nas escolas e junto a crianças foi bastante enfatizada.

---

[9] A expressão "ideologia de gênero", utilizada em discursos da Igreja católica desde os anos 1990 para combater o avanço do feminismo na sociedade, ganhou novo significado em meio à maior exposição e à ampliação dos direitos de pessoas LGBTQIAP+. Segmentos mais amplos da população, sobretudo ligados a uma religiosidade conservadora, passaram a nomear como "ideologia de gênero" a defesa de que o gênero feminino ou masculino é uma

56

Na época da campanha, estava tendo essa questão do PT e aquelas cartilhas, aquele absurdo, a gente tem filhos e tem essa preocupação. Dificilmente você vai encontrar uma mãe que tenha filhos e que diga "Não, isso é tudo normal". Eu descobri que no Rio tem escolas com políticas de que ali você não pode discriminar: "Se ele pegar uma boneca, tudo bem". Até aí, tudo é criança brincando, mas eu perguntei as idades à professora: "Quatro, cinco, sete, dez, e a gente não pode recriminar, pelo contrário, a gente tem que apoiar". E ela, sendo cristã, disse ainda: "Que batalha que eu enfrento". Damares fez uma fala que foi muito criticada: "Menino veste azul, e menina veste rosa". Não é necessariamente a questão da vestimenta. Tem que ter a decência. Porque a criança está formando a personalidade, e a ideologia de gênero vem dizer que você é menina, mas pode ser menino, ou você é menino e pode ser menina. Eu tive filho menino e agora neta menina, e é completamente diferente. A ideologia de gênero visa a incutir isso na cabeça da criança, que ela pode escolher o que ela quiser ser. E aí começa a se pregar uma liberdade total que traz junto promiscuidade, "tá tudo liberado, todo mundo bebe, todo mundo fuma, a droga é livre". Quem é que tem o intuito de difundir isso? Os pais e os professores precisam ter uma postura definida, porque, se você está em cima do muro, você está correndo risco de um atentado, é matar ou morrer. A ideologia de gênero, para mim, é uma criação maligna. Para mim uma criança não pode sofrer esse dano psicológico, porque ela está em formação. A minha neta viu a boneca de uma amiguinha que quando tirou a roupinha, não era menina, tinha um pênis. De onde veio essa criatura? A mãe foi chamada na diretoria, mesmo sendo um colégio público, uma creche. Ela disse: "Ela ganhou, não quero que ela brinque mais com isso". Então a diretora falou: "Vou pedir que não traga mais". E isso é obra de quem? Da ideologia de gênero. Eu até passei a postar algumas coisas a respeito. Se crescer e decidir ser bissexual, homossexual, heterosseuxal, aí é a identidade dele, com dezoito, vinte anos. Agora, com cinco anos é um absurdo. [Mulher, 53, Rio de Janeiro]

É complicado. Nós pais, professores, temos que ter uma psicologia muito boa para tratar dessas crianças sem deixar um trauma na vida delas. Tenho uma filha de quatro anos, uma menina. E quando ela põe boné ela se transforma, ela fala

---

construção social, e que, portanto, crianças devem ter liberdade para "escolher o próprio sexo e/ou sua orientação sexual".

que é um menino, que vai crescer pipi nela. Mas aí eu falo: "Não, você é uma menina, você não é menino, seu irmão é que é um menino", mas ela fala que quer ser menino. Só que eu tento trabalhar isso com ela, sabe? Falar que não, que ela não é um menino, que ela é uma princesa, que ela tem cabelo grande. Eles estão em formação, então até os dezoito anos ela vai ser uma menina pra mim, depois o que ela quiser ser eu vou aceitar, porque eu sou a mãe, ela tem que ser uma menina. São crianças, eles não sabem o que eles querem. Eles acham bonito pôr um chapéu, pôr um boné. Porque eles veem o pipi do irmão, é pequenininho, vai ver o pipi, não tem como você não deixar, porque é criado na mesma casa, mas é complicado. Tem que trabalhar muito a cabecinha deles. A gente tem que olhar 24 horas por dia para ver o que estão fazendo, com quem estão andando, quem é o amiguinho que está vindo na casa. Tem gente ruim da cabeça que quer colocar ideias na cabecinha deles. A gente tem que estar ligada, ver o celular, o que está fazendo, conversando o que com o amigo, a amiga, tem que estar sempre ligada. [Mulher, 35, São Paulo]

A despeito do temor expresso pelas mulheres que se reivindicam conservadoras em relação ao que classificam como "ideologia de gênero", tal expressão é desconhecida da maioria das entrevistadas. Estas, aliás, aceitam amplamente o uso de nome social[10] e demonstram ter abertura para a utilização de linguagem neutra. Ainda que afirmem saber pouco sobre a ideia de pessoas não binárias e embora o tema eventualmente suscite dúvidas e certo desconforto entre algumas entrevistadas, é frequente a disposição de aprender a utilizar uma linguagem inclusiva por respeito ao outro, porém algumas frisam que é preciso ter paciência para ensinar às pessoas.

Eu já ouvi falar de linguagem neutra, mas não lembro a que se refere, acredito que seja às pessoas LGBT[QIAP]+. Hoje não vejo necessidade de utilizar essa linguagem, porém em algum momento terei que usar. Tem gente que fica chateada quando a gente não entende e não sabe usar. Eu acho que se sentir incluída é bom, mas há um pouco de radicalidade. Acho que as pessoas querem

---

[10] O termo "nome social" designa o modo como a pessoa se identifica e é reconhecida, identificada, chamada e denominada em sua comunidade e em seu meio social, quando seu nome civil, isto é, seu nome de registro, não reflete sua identidade de gênero. Fonte: Observatório de Direitos Humanos, UFSM, disponível on-line.

58

ser muito respeitadas e muitas vezes não respeitam. Querem que a gente entenda tudo sendo que a gente não tem costume, e a gente vai aprendendo com o tempo. As pessoas que querem impor muitas vezes não têm a paciência de ensinar. Ah, errou uma vez, pronto, não pode mais errar. [Mulher, 36, Ceará]

Eu acho que é quando você utiliza "x" ou "e". A gente tem que respeitar isso. Eu não utilizo, mas se eu tivesse um amigo que gostasse eu utilizaria, sim, eu costumo perguntar. É por respeito, respeito ao que a pessoa escolheu, é a vida dela, então cabe à gente respeitar. [Mulher, 27, Distrito Federal]

Eu utilizaria, sim, é uma forma de respeitar e conviver, todo mundo gosta de respeito. "Todos e todas" já escutei, mas não utilizo. Já falei algumas vezes, mas normalmente não. É uma coisa que não me incomoda, eu falaria, mas acho que não preciso falar isso agora. Para mim no "todos" está todo mundo incluído, deveríamos poder falar para todos. [Mulher, 18, Rio Grande do Sul]

Geralmente é utilizada para generalizar, não usar gênero, porque muitas pessoas não se identificam. Na faculdade a gente utiliza às vezes para apresentações de trabalho, no meu dia a dia não. Mas se as pessoas preferirem que a utilize, é claro, com muito respeito, eu vou dialogar. [Mulher, 23, Distrito Federal]

Eu faria o esforço de usar a linguagem neutra com muita naturalidade, com certeza. Temos que aceitar o próximo, temos que nos adaptar a essas aceitações. [Mulher, 38, Distrito Federal]

Eu não utilizo essa linguagem no dia a dia, não é meu costume, mas se fosse necessário, se as pessoas que estivessem ao meu redor pedissem, eu usaria sem problema. Faria bem a gente aprender desde pequeno a usar, a nova geração que está vindo tem que ensinar, porque a nossa sociedade evolui com isso. [Mulher, 18, Rio Grande do Sul]

Aborto

Eu ainda brigo muito comigo mesma em relação ao aborto. [Mulher, 23, Rondônia]

O aborto é a questão que mais divide opiniões entre as entrevistadas, ainda que conte com maior apoio entre as mais jovens. O que há em comum entre todas é a afirmação recorrente de que não se pode julgar mulheres que interrompem a gravidez voluntariamente. Apesar disso, no momento de se posicionar contra a prática, os julgamentos sobre a vida alheia são recorrentes, e cifras mágicas como "80% das mulheres engravidam porque querem" ilustram alguns dos argumentos contrários.

Entre aquelas que defendem a atual legislação, ou seja, que a prática continue a ser legalizada em casos de estupro, risco de vida para a mãe e anencefalia fetal, são comuns expressões como "se liberar, todo mundo vai querer abortar"; constatações acerca da irresponsabilidade alheia diante da existência de métodos anticoncepcionais; ou afirmações que relacionam o aborto voluntário a uma violência física e psicológica.

> Uma criança foi estuprada e engravidou; nessa situação, eu concordo com a legalização do aborto. Mas conheço uma pessoa que abortava muito porque não se cuidava, e muita gente faz isso. Eu quero que legalize, mas para casos específicos. Para mulheres que têm risco de morte eu apoio a legalização. [Mulher, 26, Rondônia]

> Sou a favor da legalização do aborto em alguns casos. O posto dá camisinha, a internet ensina tudo. Se libera, aí que vai engravidar mesmo, tem muita gente burra. Não sou a favor de botar filho no mundo para passar fome, necessidade. Tem que ter a laqueadura para fazer, isso, sim, teria que ter, não o aborto. Aborto seria em caso de estupro, risco, ou um caso específico. Camisinha é barata, 80% engravidam porque querem. Eu já acompanhei duas amigas para fazer aborto, e foi a pior sensação da minha vida, é muito rápido, dez minutos, mas parece uma hora. Eu acho muito agressivo, não iria de novo, pode ser amiga. Não quer, dá para outra pessoa, mas é bem complicado. Eu tive uma vizinha que tomou um remédio com seis meses, nasceu uma criança com problema. Eu acho que, se vai liberar, tem que ter laqueadura. [Mulher, 45, Rio de Janeiro]

> Eu sou a favor em alguns casos. Quando eu estava fazendo estágio na Secretaria de Defesa da Família, tinha casos de meninas que eram estupradas. Quando você tem relação sem cuidado é uma escolha sua. Mas quando eu vi um caso no interior, de um tio que estuprou a sobrinha com onze anos e ela estava grávida, eu não acho que seria viável, ia ser um trauma para a vida toda, além de gerar

60

uma criança desse ato. Tem casos e casos. É uma agressão ao corpo, ao psicológico. É aquela coisa complicada. [Mulher, 23, Rio Grande do Sul]

Eu tenho um posicionamento bem rígido. Claro que tem os casos de estupro, tem que olhar com cuidado, mas eu ainda sou muito rígida em relação ao aborto. Tem tantas mulheres que não têm condição de ter um filho de forma natural. Outras pessoas que têm essa possibilidade se sujeitam a abortar várias vezes. Tem pessoas que abortam tantas vezes que correm risco de vida. Eu acho que é você maltratar seu corpo também. Eu acho que pode até ser um castigo de Deus: não poder mais ter filho depois de um aborto. [Mulher, 30, Bahia]

Eu sou contra o aborto: se eu engravidei porque eu quis, eu vou lá e tiro o meu filho? Agora, se eu estou numa rua deserta, fui abusada por um cara, maltratada, violentada, ele me estuprou, e eu estou grávida, infelizmente, eu não vou ter um fruto daquela circunstância que aconteceu na minha vida. Já pensou em uma criança de doze anos? Ela não sabe o que é cuidar de um filho, ela não sabe o que ela quer da vida, ela vai ter um filho? Não tem como, ela foi violentada, foi estuprada, vai saber o que esse cara fez com ela. Nesses casos eu sou a favor, tem que fazer. Mas tem mulheres que têm montes de filhos e abortam como se fossem cachorrinhos. Nem com cachorro a gente faz isso, né? [Mulher, 35, São Paulo]

Eu sou bem tradicional em relação à legalização do aborto. É um presente de Deus, veio porque tinha que vir. Sou totalmente contra a legalização. Acho que tem a pílula do dia seguinte e tal, mas você abortar algo que veio como um presente, uma missão com aquele ser humano ali que está sendo formado? Acho que veio porque tinha que vir, tem pílula, DIU, e se você não utilizou isso é porque de alguma forma você deixou a porta aberta. Existem várias maneiras de lidar, como entregar para adoção. Eu sou mãe por adoção, e sou grata à pessoa que gerou meu filho. Quando você ama um ser que você está gerando, você pode entregar para alguém. Sou a favor em casos de estupro, mas em 80% dos casos tem maneiras de não chegar ao aborto. Eu precisei colocar o DIU, e o ginecologista disse que nenhum método é 100% seguro, e eu disse que se eu engravidar eu quero que salve a vida da criança. [Mulher, 36, Bahia]

Duas entrevistadas que se reivindicam conservadoras afirmaram ser contrárias à interrupção da gravidez em qualquer caso, inclusive de estupro de crianças.

Vai de encontro a tudo aquilo que me foi ensinado desde a infância. Se é minúsculo, mas foi gerado, já é vida. Independentemente de ter malformação, deficiência, ser fruto de um abuso. Se aquela mãe que foi abusada não tem condição, que ela dê para outra pessoa, como o caso daquela criança que engravidou. Tinha que ter uma rede que instruísse essa criança, um grupo de psicólogos para entender o processo, que levasse aquela gravidez adiante e posteriormente não deixasse a menina com o bebê; mas fazer da forma como se fez, se arrancou um ser vivo. Um estupro é uma coisa brutal, existem caminhos. O mesmo grupo que foi lá para fazer a interrupção daquela gravidez deveria ter trabalhado com a criança, conversado, orientado, para que houvesse a aceitação daquela vida. [Mulher, 44, Rio Grande do Norte]

Eu sou completamente contra o aborto em todos os casos. Você veja aí o que aconteceu no caso dessa menina de doze anos, que era abusada por parentes dentro de casa. "Ah, vamos abortar porque ela não tem condições", e quantas meninas não tiveram filhos aqui no Rio de Janeiro? É o que mais tem nas comunidades. Então a gente sacrifica uma vida porque nós vamos poupar outra. Mas essa menina precisa de acompanhamento. Então a mulher, em todas as idades, ela precisa de apoio, principalmente após esses abusos, um acompanhamento terapêutico, né? Psicológico. As pessoas argumentam que existem situações e situações, que os casos são diferentes. Mas eu me posiciono completamente contra, porque um erro não justifica o outro. [Mulher, 53, Rio de Janeiro]

Outras entrevistadas, por sua vez, afirmam que poderiam ser favoráveis à ampliação da legalização da prática dependendo do caso e levantam dúvidas sobre a situação atual do aborto no Brasil. Não só ponderam que ele já acontece e que, com a legalização, seria realizado de forma mais salubre, evitando mortes e traumas, como salientam que as mulheres são as únicas a arcar com a responsabilidade de uma gravidez indesejada.

Quando é questão do estupro ou o feto tem anomalias, eu apoio, porque se o feto nascer vai sofrer bem mais com anomalia e por ter vindo de um estupro. Vai para um orfanato, pode ser estuprada. Agora, outras questões, como por exemplo "fui para uma noitada, engravidei de um cara e quero abortar", não sei. O aborto já acontece, mas com a legalização vai acontecer de uma forma salubre, vai entrar numa unidade de saúde, a pessoa vai ter certeza de que vai ser atendida por profissionais, e assim se evitam mortes, tragédias. O aborto

62

é uma marca que fica em você para sempre, seja psicológica, seja como traumas no útero. Muitas pessoas que abortaram não podem mais engravidar. [Mulher, 23, Rondônia]

Acho que para ter uma lei tinha que ter vários protocolos, não algo como "engravidei e vou abortar". Tem a questão do estupro, de que a mulher foi abusada e tal, nesse sentido eu seria a favor. Mas em outro… tem uma questão espiritual no meio, de crença, de religião, da vida em si. Desde o primeiro momento já há uma vida, eu tenho essa opinião. Acredito que as coisas não acontecem por acaso. Por um descuido… claro, às vezes a mulher… tem gente que nem sabe que engravida. Tem mulher que não tem orientação. Mas tem uma mãe, uma tia que ajuda a criar, no caso do descuido, cada caso é um caso, sou a favor quando foi abusada. Mas a favor por qualquer motivo não seria. Mas a culpa é sempre da mulher, eles fazem as merdas e a culpa é sempre nossa. A gente já está tão acostumada, que se culpa e carrega nos ombros. [Mulher, 26, Rondônia]

Finalmente, aquelas que defendem que o aborto seja legalizado no país argumentam que isso evitaria a morte de muitas mulheres, sobretudo pobres; que existiria um acompanhamento psicológico das mulheres que procurassem o serviço de saúde para abortar; que a possibilidade de interromper voluntariamente a gravidez evitaria a existência de crianças indesejadas; e que as mulheres precisam romper com uma lógica machista e assumir o direito de decidir sobre o próprio corpo.

Se o aborto for legalizado, a pessoa não vai chegar lá e falar "oi, quero abortar"; vai ter acompanhamento psicológico. Então eu sou a favor, porque sei que não vai ser uma coisa tipo fazer exame de sangue, mas até para isso precisa de encaminhamento. Vai ter regras, uma equipe, não vai ser qualquer um que vai chegar lá e fazer. O aborto já acontece, mas de forma clandestina, e as mulheres morrem por isso. E o que pode ser feito é exatamente isso, ter esse acompanhamento. Elas precisam de ajuda, talvez a legalização possa ajudar. [Mulher, 24, Rondônia]

Não posso julgar uma pessoa que quer abortar se ela nem tem o que comer. Se a pessoa tem condição de arcar com a criança, eu sou contra, mas, se é alguém que vai botar uma criança no mundo para sofrer, para ser abandonada, melhor abortar. Sou mais a favor do que contra. Tenho uma amiga que fez, ela foi forçada, a mãe dela forçou. Ela adquiriu vários traumas, porque era algo que ela desejava e foi obrigada a abortar. É complicado. Mas acho que tinha que ser legalizado, a pessoa vai correr um risco absurdo de morrer e sair prejudicada. É nossa consciência que vai estar em jogo, melhor que fazer um aborto e morrer. Sou a favor de legalizar aqui no Brasil. [Mulher, 25, Bahia]

Com o momento que a gente está vivendo eu estou mudando um pouco de ideia. Não dá mais para suportar, é muito filho por aí sofrendo. Eu era contra, mas já estou começando a reformular minhas ideias, estou mudando de opinião nesse sentido. Eu acho que antes eu era contra. Mas tem muita criança no mundo sofrendo, e acho que eu vou mudar um pouco minha opinião e ser a favor da legalização. Deus me livre, como é bravo ser mulher! [Mulher, 50, Rio Grande do Sul]

Eu sou a favor da legalização do aborto, porque, mesmo nos casos em que a menina foi abusada ou em que a mulher não quer ter filho, é o corpo delas, nem o Estado pode falar se ela vai ter o filho ou não. Sou bem a favor. [Mulher, 17, Rio Grande do Sul]

Sou a favor, porque as mulheres têm o direito de escolher o que fazer da vida e, no caso de uma gravidez indesejada, decidir o que fazer. [Mulher, 17, Rio Grande do Sul]

Eu concordo, ter autonomia dos nossos corpos é importante e isso precisa ser trabalhado na legislação. É importante, eu sou a favor. [Mulher, 16, Rio Grande do Sul]

Eu sou a favor, sempre fui. Engravidei tomando remédio, fazendo tabelinha, tomei pílula do dia seguinte. Não tenho esse preconceito de julgar. A pessoa que está ali sabe onde o calo aperta, porque filho a gente carrega para o resto da vida. Vai estar botando mais um no mundo para viver, sofrer. Meu primeiro filho, eu tinha vinte anos, tive no hospital público, foi a pior experiência da minha vida. Fui muito maltratada, e eu tinha risco de morte. Minha mãe estava sempre ali, mas precisei ficar sozinha. Eu já tinha uma menina de cinco anos, e eu estava implorando para poder fazer laqueadura, mas não fizeram. É uma maldade. Às vezes a gente não engravida porque quer. Isso é mentira. A camisinha pode furar, e o remédio, falhar. Se for uma questão de responsabilidade, sou totalmente a favor. Você vai maltratar o filho pra caramba, mata, joga por aí, vemos vários casos. Não era melhor ter interrompido?

Na minha família, pegaram uma filha de criação, mas nunca passaram para o nome deles, aí ela começou a ficar abusada, engravidou três vezes e deixou os filhos com a sogra. Pra que isso? Tem que ter casos estudados, mas eu sou a favor. Minha mãe já fez aborto em um lugar horrível, já levou uma prima minha para fazer, e eu já fiz, estava desesperada. Mas se eu morrer ninguém vai saber. Realmente é horrível. A gente se deita, dão a anestesia... Por isso sou a favor de legalizar, mas com um nível de triagem. Eu fiz em uma clínica, mas conheço casos de gente que tomou Citotec, gente que morreu, ficou estéril. Eu não sou tão rígida, não julgo. [Mulher, 41, Rio de Janeiro]

Se fossem os homens que engravidassem, mesmo que passassem para as mulheres cuidar, queria saber se ia ser mais fácil aprovar esse tipo de lei. Por que o homem se nega a usar camisinha? Se ele tirar na hora é a sua barriga que vai crescer. O machismo impõe que a gente precisa ter filhos. Eu fiz aborto uma vez e ia fazer a segunda, mas teve uma má-formação. Eu não sei o que fiz com esse trauma. Clínica de aborto não é gostoso. É complicado. Mesmo que seja descuido, não é algo que tu buscou, planejou. Por mais que eu tenha meus problemas com Deus, de ordem espiritual, eu acredito que tem que ter essa liberdade. Se fosse o homem, ia ter. Ninguém obriga o homem a fazer vasectomia apenas após ter constituído uma família. Por que é a mulher que tem que tomar anticoncepcional? O meu marido teve uma criança fora do casamento, e ele me cobrava para ter mais filhos. Minha filha eu tive com 38, foi de risco, e depois tive um aborto espontâneo. [Mulher, 48, Rio Grande do Sul]

Mulheres na política

O Congresso é um monopólio de homens, eles têm medo de ter mulher no poder. [Mulher, 25, Bahia]

Na visão das entrevistadas, a política institucional brasileira é corrupta e patriarcal, o que afasta as mulheres, a despeito de terem tanta capacidade para governar e se tornarem lideranças quanto os homens. Há um entendimento geral de que as brasileiras que decidem se candidatar, ou mesmo as que assumem cargos políticos, seriam muito mais pressionadas em comparação com os homens e ficariam sujeitas a toda sorte de dificuldades e violências.

65

Deve ser muito difícil, porque o homem vai interromper, eles ameaçam. Nesse meio acontece de tudo. [Mulher, 18, Ceará]

É difícil porque a atenção tem que ser redobrada. É muita demanda em cima. A mulher que está dentro da política é muito pressionada. [Mulher, 21, Distrito Federal]

Os homens acham que as mulheres não são capazes de governar, de estar na liderança. E muita mulher não acredita no seu potencial de estar numa posição alta. O Brasil é muito machista em relação à mulher no poder. [Mulher, 25, Bahia]

Tem esse preconceito, mas faltam mulheres dispostas a lutar. Precisamos de mais mulheres para encarar e quebrar esse tabu. A mulher pode governar, tem todo o potencial. Acho que as mulheres fariam tudo o que os homens podem fazer; não que seja o jeitinho da mulher, independentemente de ser homem ou mulher tem que agir igualmente de acordo com as leis que a sociedade precisa ter. [Mulher, 31, São Paulo]

Acho que tem uma máfia que acaba tirando e não deixa crescerem as mulheres na política. Aqui na minha cidade eu lido com política e eu lembro que nessa última eleição o primo do marido da minha irmã botou a mãe dele como candidata só para preencher essa porcentagem, bota qualquer mulher. Eles todos rindo. Era só para preencher a cota. [Mulher, 45, Rio de Janeiro]

A gente não vê a mulher tão inserida nesse espaço. Qual é o investimento que é feito para as mulheres? Algumas mulheres se candidatam e a gente nem sabe. Enquanto outros homens, que não têm nenhuma possibilidade de ganhar ou nem sabem falar direito conseguem. Tiririca, gente, imagina! [Mulher, 30, Bahia]

Tem uma coisa do coronelismo, a indicação política de pai para filho. Renan Calheiros, Sarney e mesmo Roseana Sarney, que é mulher, vai seguir o mesmo padrão de política do pai. Quem é dono do Maranhão é o Sarney, do Pará é Jader Barbalho. Enfim, a gente vê que essas políticas passam por essa coisa assim: "Toma essa capitania para ti". Acho que isso vem da colonização. [Mulher, 30, Rio Grande do Sul]

Em face desta situação, a maioria das entrevistadas é favorável à obrigatoriedade de haver 50% de mulheres no Congresso e às cotas para mulheres que concorrem a cargos políticos. Porém, elas apontam desafios, como a

66

falta de apoio a candidaturas femininas, o machismo institucionalizado e a possibilidade de preconceito contra mulheres que ingressaram na política por cotas.

> Eu acho que nós precisamos ter mais espaço de fala, independentemente de qual seja nosso posicionamento dentro da política. Nossa voz precisa ser ouvida. Então eu acho que tem que ter participação feminina, sim, porque nós somos maioria e não estamos lá como maioria e pautas estão sendo discutidas sem nossa anuência. É de suma importância que tenhamos mulheres lá discutindo, nos representando. Esse apoio deve ser feito pelos partidos. Eu sei que tem uma lei que obriga – nem deveria ser uma obrigação, mas teve que ser por essa via – que tenha um percentual de mulheres. [Mulher, 30, Bahia]

> Deveria aumentar o número. Mas há falta de apoio para essas candidatas, as nossas propostas nem sempre vão ser interessantes para os homens. Os homens que estão ali não vão querer colocar mais mulheres lá dentro. Eu acredito que gerar um sistema de cotas para isso pode fazer que aconteça o mesmo que nas faculdades. As pessoas pensam que a pessoa que chegou lá por meio de cotas não está lá por mérito, está apenas porque não tem dinheiro, por ser uma pessoa negra. Então o mesmo pode ocorrer com as mulheres, vai ter mais preconceito: "Ela entrou lá só pela cota". [Mulher, 27, Distrito Federal]

> É uma boa ideia; por causa de toda essa nossa cultura de as mulheres serem inferiorizadas, é necessário mostrar que também podemos. Mas obrigar é um pouquinho ruim. Deveria existir essa cota para dar as possibilidades, mas que não fosse algo obrigatório. Ter a obrigação é muito pesado, parece que querem impor algo que talvez não fizesse bem para todas. Por ser obrigatório, os homens vão se sentir ofendidos, e as mulheres ainda sairiam inferiorizadas. [Mulher, 18, Rio Grande do Sul]

> Concordo plenamente, a mulher precisa de espaço. Eu não acho certo a porcentagem de homens ser maior. A gente deveria ter mais espaço em qualquer tipo de área; 50% é ótimo para mim, uma coisa equilibrada. Deveríamos lutar por uma lei para distribuir metade. [Mulher, 18, Rio Grande do Sul]

> Acho válida a ideia de cotas, 50% homens e 50% mulheres. É preciso ter direitos iguais, porque os homens querem dominar a política e acham que só eles têm o poder de fazer a diferença. [Mulher, 38, Distrito Federal]

Eu acho importante que a gente inclua todos os grupos marginalizados na política, porque reflete no comportamento do povo. Se a política é composta por homens brancos, como vamos ver uma sociedade inclusiva? As cotas são importantes, e é importante ter uma regularização desta lei, revisar se tem mulheres efetivamente dentro dos partidos. Apesar de achar triste que tenha que obrigar os partidos, acho necessário. [Mulher, 16, Rio Grande do Sul]

Eu acho que seria muito bom para a nossa sociedade ter 50% de mulheres no Congresso. Para a gente se sentir representada na política, a gente precisa estar no Congresso. [Mulher, 17, Rio Grande do Sul]

Apesar de a maioria concordar com a necessidade de mais mulheres ocuparem a política institucional, não há engajamento para escolher candidatas no momento das eleições. O motivo? As entrevistadas argumentam que, na hora do voto, o gênero da pessoa não é a prioridade, e sim suas propostas, ou então dizem desconhecer quem são as candidatas da sua região.

Eu só votei uma vez em mulher. Tive oportunidade de votar em mulher, mas não pensei no fato de ser uma mulher, em votar pela "minha categoria". [Mulher, 36, Ceará]

Votei na Celina Leão, que era deputada distrital, mas depois não votei mais em mulheres por falta de conhecimento. [Mulher, 25, Distrito Federal]

Eu votei na Janete Capiberibe, do PSB, na época ela foi candidata a vereadora. Não votei mais em mulheres depois. É que mesmo sendo mulher, você quer alguém de confiança, depende muito da proposta. Se o homem me oferecer uma proposta mais interessante, eu voto nele. [Mulher, 18, Rio Grande do Sul]

Votei na Janete e na Edna, uma vereadora do meu bairro. A Janete é empoderada, vai, busca, luta pela população feminina e pelos negros, briga no plenário. A Edna, como eu cresci no bairro, a gente conhece a família dela, e por causa disso eu optei por ela. Mas mulheres raramente se apoiam e se mostram. É aquela rivalidade feminina que não era para acontecer, porque ainda tem muita gente de mente pequena. [Mulher, 28, Amapá]

Eu já votei numa deputada, mas não recordo o nome. Sempre busquei votar com o olhar mais voltado aos projetos, pensando no que aquele candidato oferece naquele momento, e muitas vezes nem cumpre. Também oriento meu

68

voto pela propaganda que vai passando. Já pensei, sim, na hipótese de votar numa mulher, de dar um crédito para que essa mulher possa fazer diferença. [Mulher, 38, Distrito Federal]

Quando perguntadas sobre as referências que possuem de mulheres na política, a dificuldade de lembrar os nomes era frequente. Algumas entrevistadas não conseguiram nem citar o nome de nenhuma mulher que seja política, e várias apontaram alguns nomes, mas sem ter certeza sobre quem estavam falando. Como o Brasil, de fato, conta com baixíssima representatividade feminina na política, era esperado que várias entrevistadas tivessem dificuldade de se espelhar em mulheres políticas, ou seja, de enxergar a si próprias nessas mulheres, como ocorre com frequência com as influenciadoras.

Eu votei na Dilma. Tem aquela morena que eu esqueci o nome... a Marina. Outra foi a Marielle Franco... A Fátima Bezerra... e a Roseana... já ouvi falar. [Mulher, 21, Amapá]

Eu me lembro de uma na Argentina que foi presidente lá. Tem a Dilma. Na cidade onde moro teve a Luizianne, que passou por dois mandatos. Roseana Sarney já ouvi falar, mas sobre políticas, não tenho muito o que dizer. [Mulher, 42, Ceará]

A Dilma, a Manuela, aqui do Rio Grande do Sul. Tem aquela senhora, me esqueci... a Maria alguma coisa... Marina, isso... Eu gosto bastante da Dilma e da Manuela, gosto das propostas, da força delas, pelo que elas tiveram que enfrentar para chegar aonde chegaram, da garra delas. [Mulher, 18, Rio Grande do Sul]

Eu gosto de... me fugiu o nome, aquela que vive batendo no Bolsonaro... aquela loira, acho que é do PT... isso, a Gleisi Hoffmann. Ela tem garra para falar o que está errado. [Mulher, 50, Distrito Federal]

Apesar das dificuldades enfrentadas para se lembrar de mulheres políticas, Marielle Franco e Dilma Rousseff foram as políticas mais citadas espontaneamente. A primeira é vista como uma mulher corajosa que batalhava pelos mais pobres. Já Rousseff divide opiniões. Por um lado é percebida por algumas entrevistadas como corajosa e empoderada, porém outras afirmam que teria sido manipulada e/ou não teria conduzido bem seu governo.

Marielle era muito corajosa. [Mulher, 18, Ceará]

O caso da Marielle é inspirador. Negra, mulher, mãe, defendia o povo. [Mulher, 21, Amapá]

A Marielle era uma mulher por quem eu tinha admiração. Quando se fala de mulher na política, o nome dela vem muito à mente por ser uma mulher negra, sempre buscar fazer diferença, mesmo sendo coagida. [Mulher, 38, Distrito Federal]

Dilma foi uma pessoa que poderia ter feito melhor, mas como mulher ela demonstrava ser uma pessoa empoderada. [Mulher, 21, Distrito Federal]

Eu também admiro muito a Dilma, achei muito corajosa. [Mulher, 38, Bahia]

Apesar de a Dilma ter sofrido *impeachment*, eu a admiro pela coragem e por aguentar tanta pressão. E ela tem uma história de força, tem muita força, já teve toda aquela história da ditadura militar, e achei que foi um golpe o *impeachment*. [Mulher, 25, Bahia]

A Dilma parecia que não tinha diálogo com o PT, a mulher parecia que tinha sido usada. [Mulher, 23, Rio Grande do Sul]

Dilma foi presidente e não teve voz ativa, era pau-mandado, as decisões não eram dela. [Mulher, 36, Bahia]

Dilma não estava preparada e manchou, prejudicou as mulheres. Está vendo como não dá certo? Queimou o filme. [Mulher, 25, Tocantins]

Quer uma vergonha alheia? A Dilma. O que era aquilo? E quando abria a boca? A presidente Dilma, o que foi aquela presidente? Uma mulher que fazia uma viagem na maionese. [Mulher, 31, São Paulo]

Ao mesmo tempo, Marielle Franco e Dilma Rousseff são exemplos de como mulheres na política que não estejam associadas ao poder masculino podem ser tratadas, removidas do poder ou até mesmo assassinadas.

Foi uma injustiça total o que fizeram com a Dilma, com uma mulher no poder, todas as mulheres se sentiram traídas. Sonhos cortados. A gente sentiu que agora iria ser nossa vez, e isso foi cortado. [Mulher, 31, São Paulo]

Ninguém acreditava na Dilma, ela sofreu um golpe dos próprios aliados. [Mulher, 23, Rondônia]

70

É machismo, como o que ocorreu com a Dilma. Foi a primeira presidente, e sofreu *impeachment*. [Mulher, 25, Bahia]

Dilma foi a única que deu a cara a tapa. E foi tão julgada... [Mulher, 31, São Paulo]

As mulheres ficam com medo de se envolver, se candidatem! Aconteceu esse caso, que mataram a Marielle, e as pessoas ficam com medo. Uma mulher com uma família não vai se expor a isso. [Mulher, 41, Rio de Janeiro]

No que diz respeito às entrevistadas que se afirmam conservadoras, três nomes foram mais citados: Michelle Obama, esposa do ex-presidente norte-americano Barack Obama; Damares Alves, ministra do governo Bolsonaro; e Michelle Bolsonaro, esposa de Jair Bolsonaro. Todas seriam modelos de mulher por causa do exercício de seus papéis como mães e esposas na esfera pública, mas também por demonstrar ter humildade, sensibilidade, força e, sobretudo, discrição em sua atuação.

Para mim, é a Damares, ela é uma mulher muito forte. Sofreu violência quando era pequena, cresceu, superou e hoje em dia está lá no Congresso lutando por nós, defendendo nossas ideias, ela é uma mulher muito forte. [Mulher, 49, São Paulo]

A Michelle Bolsonaro e a Michelle Obama, as duas Michelles. São mulheres importantes, que trabalham pelos outros, discretas. A Michelle Bolsonaro não precisa sair com os seios de fora, ela utiliza sua inteligência e fica ao lado do marido. [Mulher, 32, Ceará]

Atualmente eu me identifico muito com a Michelle Bolsonaro por essa questão social, pela humildade dela, por sua consciência. Ela não é soberba, ela tem essa postura cristã, humanista. Eu acredito que no Brasil a gente precisa ter essas referências de mulher. Ela tem tido uma postura muito sábia. Suas atitudes e declarações demonstram que ela é uma mulher humilde, que cuida muito da família, não é aquela mulher que se expõe de forma negativa. Até coisas que levantaram contra ela, tudo foi esclarecido, graças a Deus, então, no momento, é uma mulher que eu admiro. Porque todo mundo sabe que ao lado de um grande homem, tem também uma grande mulher. O presidente passou por muitas situações, e ela ali ao lado, simples, aonde ela chega às vezes as pessoas não a reconhecem. Eu acho que as grandes virtudes de uma mulher são a sensibilidade e a simplicidade. [Mulher, 53, Rio de Janeiro]

Contudo, entre as entrevistadas jovens e aquelas decepcionadas com Bolsonaro, tais referências não têm o mesmo significado. Damares Alves é pouco conhecida e percebida como alguém "muito radical". Já Michelle Bolsonaro é tida pela maioria como uma mulher "apagada", seja porque é vista como alguém que não se destaca e abdica do poder como primeira-dama, seja por ser considerada passiva e submissa ao não contestar as falas machistas do marido.

> Não conheço a Damares, e a Michelle Bolsonaro é muito submissa ao marido, nada contra, mas não me agrada. Ela não demonstra ser humilde e não tem opinião própria no casamento dela, não toma atitude, parece que está lá por estar. [Mulher, 21, Amapá]

> Damares é muito sem noção, muito conservadora, e bate de frente com muita coisa que não tem sentido. Ela deveria defender a vida, como religiosa, mas não. [Mulher, 36, Ceará]

> Com o passar do tempo, parece que Michelle se tornou só a mulher do presidente. [Mulher, 23, Rondônia]

> Eu não acompanho muito a Michelle, mas acredito que com certeza ela está de acordo com as coisas que ele faz, é cúmplice. [Mulher, 17, Rio Grande do Sul]

> A Michelle Bolsonaro parece uma estátua, não se expressa. Ela não expõe o que sente, não fala nada. [Mulher, 25, Tocantins]

> Eu não ouço a Michelle Bolsonaro falar nada, fazer nada, esperava mais. É uma pessoa que fica apagada. Ele não a deixa nem abrir a boca. Ela realmente é a esposa do presidente. Eu esperava muito. Mas eu não sei de nada que ela tenha feito, nunca escutei nada dela. [Mulher, 45, Rio de Janeiro]

> Eu acho que a Michelle é uma guerreira por aguentar o Bolsonaro [risos]. Mas ela é bem reservada, não tenho muito o que falar dela. Eu acho que ela tinha que ser mais atuante em relação às mulheres, às falas dele, se impor ali. Porque fica parecendo que ela concorda com as falas machistas que ele faz. Até porque ela também tem um cargo importante. Tinha que ser mais ativa. [Mulher, 25, Bahia]

72

Ainda que a maioria das entrevistadas não conte com muitos modelos de mulher na política em comparação com o que ocorre no universo do entretenimento e das influenciadoras na internet, todas acreditam que uma presença feminina maior na política institucional seria positiva e as impactaria de forma direta.

> Haveria mais maturidade, sensibilidade, mais direitos para as mulheres, mais igualdade profissional, saúde. Abriria muitas portas, nos impactaria diretamente. [Mulher, 42, Ceará]

> Sim, com certeza seria positivo. A mulher vai ter uma visão mais voltada para mulheres, serão criados mais programas, mais leis, mais oportunidades para mulheres que são mães, que querem trabalhar, do lar. [Mulher, 27, Distrito Federal]

> Com mulheres no poder, acho que o governo seria melhor, mais íntegro. [Mulher, 25, Bahia]

Quando perguntamos às entrevistadas quais políticas públicas elas implementariam para melhorar a vida das mulheres, as respostas versaram sobre programas contra a violência de gênero, políticas que fomentem suas carreiras nas empresas e lhes proporcionem fontes de renda, bem como políticas de incentivo para a educação de mulheres.

> Casas de acolhimento para mulheres que sofreram estupro, assédio, violência doméstica, com atendimento gratuito. Isso tinha que se expandir até mesmo nas escolas. [Mulher, 21, Distrito Federal]

> Políticas que punem, de fato, os agressores em questões de assédio, estupro, violência. Isso faz muita falta porque muitas mulheres sofrem e acabam tendo traumas, mas para o agressor não tem consequência alguma. [Mulher, 18, Rio Grande do Sul]

> Incentivos para a educação das mulheres, para sua carreira nas empresas, programas sociais para gerar renda para mulheres donas de casa, tudo o que for voltado para gerar renda. [Mulher, 26, Amazonas]

Ao fim, perguntamos às entrevistadas como pretendiam atuar nas próximas eleições. As que se reivindicam conservadoras, que foram entrevistadas em 2020, enfatizaram que votarão em mais vereadoras e mulheres em geral para diversos cargos.

Eu acho fundamental votar em vereadoras. Eu quero votar em mulheres que possam me representar e que apoiem o presidente Bolsonaro, porque se for contra não dá. A Benedita eu admiro, mas sinceramente, mesmo ela sendo mulher algumas posturas dela e do partido influem na minha decisão. O ideal é nos atermos a essa questão de colocar mulheres no poder, sim, em funções estratégicas até, para defender nossos direitos. [Mulher, 53, Rio de Janeiro]

Com certeza temos que colocar mais mulheres nas cadeiras de vereadoras, porque eles não dão oportunidades. Uma professora que eu tenho desde a quinta série saiu para vereadora e ela falou que para as mulheres tem poucas cadeiras, no partido dela só tem ela de mulher. Então nós temos que dar oportunidade, sim, porque precisamos ser ouvidas, ser bem representadas, bem instruídas, ajudadas de alguma forma. Eu vou votar em mulher, com certeza. [Mulher, 35, São Paulo]

Eu também acredito que tem que ter mais mulheres no Congresso, no Judiciário. Porque só a gente, que é mulher, sabe do que a gente precisa, do que nossos filhos precisam. Vou votar também numa mulher nessa eleição. Já votei na Dilma também, né? [Mulher, 49, São Paulo]

Já as mulheres decepcionadas com o governo Bolsonaro e as jovens indecisas, entrevistadas no início de 2022, apontaram que pretendem votar preferencialmente em mulheres, pessoas pobres, negras e trans ou em alguém que seja sensível a suas demandas.

O topo da pirâmide ainda é muito excludente com mulheres, pessoas negras e trans. E isso deveria mudar. As políticas públicas servem para isso, e o governo Bolsonaro não foi favorável nessa questão. E acredito que a gente tem que votar com consciência para mudar esse cenário. [Mulher, 16, Rio Grande do Sul]

Também acho, espero que o próximo possa mudar e fazer diferença para outras classes que não são abrangidas. [Mulher, 17, Rio Grande do Sul]

Acho que o próximo governante tem que planejar e fazer projetos a favor das mulheres, dos seus direitos. [Mulher, 17, Rio Grande do Sul]

Minha esperança na próxima eleição é eleger alguém que veja mais o lado da mulher, do pobre, do negro. [Mulher, 26, Rondônia]

E o feminismo brasileiro segue em disputa.

Oportunidades na busca por maior equidade política de gênero na opinião pública brasileira

Maurício Moura e Natália Tosi

Para o cientista político Josiah Ober, a noção de *doxa* [opinião] foi, de forma geral, entendida pelo pensamento da literatura clássica como contrária ao conhecimento epistêmico, verdadeiro, devido ao fato de expressar especificidades ligadas às percepções, que podem ser, muitas vezes, irreais ou passionais.

A dialética clássica, por meio da análise de um tipo de opinião – *endoxa* – que coincide com o verossímil na maioria das vezes, estabeleceu as espécies de opinião que serviram de base para os argumentos dialéticos e retóricos no ápice da Idade Antiga. Foram as bases filosóficas para uma luta secular e permanente entre o real, o emocionalmente percebido e o ideal na sociedade.

A opinião pública moderna, bombardeada por inúmeros pontos de informação e contatos tecnológicos, se move entre o *doxa* e o *endoxa* clássicos. Nessa busca de identidade entre corações e mentes, as vozes da opinião pública produzem uma mescla de esperança e desalento para inúmeras causas necessárias e urgentes para o equilíbrio e a equidade da humanidade.

A questão da equidade de gênero na política brasileira, por óbvio, está amplamente inserida nesse poço de contradições classificado como opinião pública. Uma participação maior de mulheres na política traz reconhecidos ganhos no que tange à diversidade em representação de interesses e conta com evidências de aumento na alocação de recursos em programas sociais que focam a ampliação de cuidados de saúde e programas educacionais. No entanto,

76

perante a opinião pública, percepções a respeito das principais pautas na busca por igualdade de gênero na política ainda enfrentam certa resistência, mas oferecem inúmeras possibilidades. Nesse contexto, e com o objetivo de contribuir para um debate mais qualificado sobre o tema, o presente capítulo apresenta os principais resultados de três pesquisas quantitativas.

Os levantamentos foram realizados nos meses de novembro (2021), janeiro e março (2022) via telefone (mais de 90% dos dados coletados via telefone celular), com amostra nacional representativa da população brasileira acima de dezoito anos. Foram coletadas entre 1.252 e 1.277 entrevistas em cada um deles, com margem de erro amostral de aproximadamente 3% para mais ou para menos e intervalo de confiança de 95%.

As amostras foram concebidas de maneira probabilística no primeiro passo ao sortear os contatos. E, em seguida, estratificadas via método de probabilidade proporcional, em função da curva populacional brasileira (Pnad 2021 e Censo 2010, IBGE) de gênero, idade, renda, região e religião, conforme modelo de Bussab e Morettin[1]. As pesquisas foram coordenadas e executadas pela equipe do Instituto de Pesquisa Ideia.

A tabela 1 na página ao lado apresenta, de maneira resumida, alguns dos principais resultados.

Alguns resultados alimentam a esperança de uma nação com mais equidade. Para 71% dos respondentes, por exemplo, é preciso ter mais mulheres na política. Esse nível de apoio aumenta para 83% entre as mulheres do Nordeste. Para um terço, a política local seria menos corrupta com maior participação feminina. Curiosamente, há evidências indicando que eles não estão equivocados.

Em estudo realizado em 2016 no Brasil, os pesquisadores Fernanda Brollo e Ugo Troiano investigaram os dados disponibilizados pelo Programa de Fiscalização por Sorteios Públicos da Controladoria Geral da União (CGU) e

---

[1] Wilton de O. Bussab e Pedro A. Morettin, *Estatística básica* (São Paulo, Saraiva, 2017).

Tabela 1 – Mulheres em relação à população geral
(diferença maior que 2 pontos percentuais)

Divergências entre opinião pública: mulheres *versus* população geral					
Afirmação	Alternativa	População geral	Homens	Mulheres	Perfis de mulheres
As mulheres devem receber os mesmos salários dos homens.	Concordo	84%	80%	88%	Avalia o governo federal como ruim/péssimo: 92% pretas: 93%
	Discordo	3%	3%	3%	Ensino fundamental: 7% Classes DE: 7%
No Brasil, é preciso ter mais mulheres na política.	Concordo	71%	64%	77%	25-44 anos: 81,5% Nordeste: 83% Avalia o governo federal como ruim/péssimo: 83%
	Discordo	3%	2%	4%	Norte: 11%
As feministas são radicais.	Concordo	37%	42%	32%	Evangélicas: 41% Avalia o governo federal como ótimo/bom: 63%
	Discordo	16%	10%	21%	25-34 anos: 25% Nordeste: 26% Avalia o governo federal como ruim/péssimo: 26%
As feministas são contra a família.	Concordo	19%	23%	16%	Evangélicas: 26% Avalia o governo federal como ótimo/bom: 40%
	Discordo	39%	32%	45%	18-24 anos: 50% Avalia o governo federal como ruim/péssimo: 59%
Eu me sinto confortável vendo dois homens se beijando na rua.	Concordo	29%	26%	32%	18-24 anos: 49% Avalia o governo federal como ruim/péssimo: 43%
	Discordo	34%	37%	32%	Ensino Fundamental: 46% Evangélicas: 52% Avalia o governo federal como ótimo/bom: 52%

Todas as perguntas continham a alternativa "Não concordo nem discordo". Foram destacados os principais perfis de mulheres para cada resposta. Pesquisa realizada pelo Instituto Ideia em 22 de novembro de 2021 – amostra: 1.277 respondentes. Consultar apêndice para mais informações sobre dados demográficos.
Fonte: autoria própria com base nos resultados da pesquisa de 22 de novembro de 2021.

geraram evidência empírica de que prefeitas eram menos propensas a engajar-se em atividades de corrupção quando comparadas a prefeitos. Não obstante, candidatas mulheres ainda assim recebiam menos recursos para a campanha de reeleição e tinham menos chance de conseguir o segundo mandato.

78

Além das percepções citadas, ainda no plano positivo, para 84% da totalidade da amostra, as mulheres devem receber os mesmos salários que os homens. Vale mencionar que entre as mulheres pretas esse patamar sobe para 93%. Também há um apoio majoritário (70%) entre as entrevistadas para que as brasileiras recebam auxílio para cuidar dos filhos em casa.

De um prisma menos entusiasmado, outros dados apontam para o tamanho do desafio que temos pela frente como sociedade. Ainda há 37% da população que encara as feministas como pessoas radicais (sendo 32% entre as próprias respondentes). Somente três de cada dez entrevistadas se consideram feministas, enquanto 40% se consideram conservadoras (sobretudo mulheres evangélicas, com 61%). Fora isso, quase 20% do país enxerga as feministas como uma força contrária à família (sendo 16% entre as mulheres). O feminismo, com base nesses levantamentos, flerta com a condição de ser tema de um nicho minoritário, não uma preocupação geral.

Vale também mencionar que há preconceito feminino perante manifestações de carinho público entre dois homens. São 32% as entrevistadas que não se sentem confortáveis ao ver dois homens se beijando na rua.

Ao mesmo tempo, é preciso também observar as respostas dos homens entrevistados. Afinal, "homens, a igualdade de gênero também é um problema de vocês", como observou a atriz britânica e embaixadora da boa vontade da ONU Mulheres Emma Watson.

Infelizmente, no Brasil, essa máxima passa longe da realidade. Somente um em cada dez homens se considera feminista. Um elemento de enorme desafio para nossa cidadania. Em um artigo para a revista *Marie Claire*, o primeiro-ministro canadense, Justin Trudeau, afirma que "nossos filhos – homens – têm o poder e a responsabilidade de mudar nossa cultura do sexismo". Entre os jovens (18 a 24 anos), esse número aumenta para 18% que se consideram feministas. Uma luz em túnel bem escuro e sem saída aparente.

Em um país em que as mulheres representam 52% da população, a baixa representação feminina nas instâncias decisórias deveria ser questionada. Apesar da implementação das cotas de gênero em eleições majoritárias, em

Tabela 2 – Mulheres em relação à população geral
(diferença maior que 2 pontos percentuais)

Divergências entre opinião pública					
Afirmação	Alternativa	População geral	Homens	Mulheres	Perfis de mulheres
As mulheres deveriam ter metade das vagas nas eleições, ou seja, 50% das vagas seriam dedicadas às mulheres.	Concordo	55%	45%	64%	18-24 anos: 72% Ensino médio: 71%
	Discordo	14%	20%	8%	35-44 anos: 14%
Eu me considero feminista.	Concordo	21%	12%	30%	18-34 anos: 36% Nordeste: 36%
	Discordo	40%	46%	34%	35-44 anos: 43% Evangélicas: 47%
Mulheres donas de casa deveriam receber um auxílio para cuidar dos filhos e da casa.	Concordo	62%	54%	70%	Ensino fundamental: 73% Evangélicas: 74% Pretas: 75%
	Discordo	15%	19%	11%	35-44 anos: 16% Centro-Oeste: 17%
Se houvesse mais mulheres na política, o país seria menos corrupto.	Concordo	33%	26%	39%	Nordeste: 47% Classes DE: 56% Pretas: 54%
	Discordo	20%	26%	16%	35-44 anos: 28% Centro-Oeste: 24%
Se tivesse uma mulher na presidência da Rússia, não haveria guerra.	Concordo	26%	23%	30%	18-24 anos: 38% Classes DE: 38% Evangélicas: 33%
	Discordo	19%	22%	16%	35-44 anos: 21% Centro-Oeste: 22%

Todas as questões continham a alternativa "Não concordo nem discordo" e "Não sei". Foram destacados os principais perfis de mulheres para cada resposta. Pesquisa realizada pelo Instituto Ideia em 7 de março de 2022 – amostra: 1.269 respondentes. Consultar apêndice para mais informações sobre dados demográficos.
Fonte: autoria própria com base nos resultados da pesquisa de 7 de março de 2022.

que 30% das candidaturas devem ser reservadas a mulheres, assim como 30% do orçamento de campanha e do tempo de publicidade por partido, mulheres atualmente ocupam apenas 15% das cadeiras do Congresso Nacional e 16% dos postos em Assembleias Legislativas estaduais. A despeito dos esforços pelo aumento da candidatura de mulheres pelo país, a barreira na efetiva eleição delas ainda não foi totalmente superada, com uma discussão ao redor do mundo sobre o ajuste na lei de cotas no nível de representantes eleitas, não apenas no de candidatas.

80

Na tabela 2, destaca-se que somente 45% dos entrevistados homens concordam que as mulheres deveriam ter metade das vagas nas eleições (a esperança reside nos homens jovens de 18 a 24 anos, dos quais mais de 55% apoiam a equidade nas vagas eleitorais; o futuro parece mais justo). Entre as mulheres, aproximadamente dois terços afirmam concordar com a colocação de representação equitativa numérica (meio a meio). Portanto, se ainda não há consenso sobre a importância desse tema nem mesmo entre o público feminino, imaginemos o caminho que o país ainda tem de percorrer para alcançar a equidade necessária na política.

Nesse contexto, se para 77% das entrevistadas é preciso ter mais mulheres na política, no campo masculino esse número cai onze pontos percentuais (64% dos indagados). Na questão sobre igualdade de salários, a diferença é de oito pontos percentuais (concordam 88% das mulheres *versus* 80% dos homens). Entre os entrevistados, são 54% os que aprovam que as mulheres recebam auxílio para cuidar dos filhos (dezesseis pontos percentuais menos que entre as mulheres). Apesar dos resultados amplamente majoritários entre homens nesses quesitos, a diferença entre gêneros ainda é, na média, significativa.

Todavia, há temas sensíveis em que há convergência nas respostas entre ambos os gêneros. Veja a tabela 3 na página ao lado.

O maior exemplo de convergência é a convicção da opinião pública brasileira sobre a necessidade do combate à violência contra a mulher (mais de 90% dos respondentes concordam que a violência contra a mulher deve ser combatida).

As expressivas (e tristes) estatísticas de violência doméstica ajudam a dar a dimensão desse problema, como mostra o gráfico 1 na página ao lado.

Apesar de a pesquisa não ter aprofundado especificamente o tema, é possível imaginar que os métodos de combate dividem mais que a necessidade em si.

E, se tem algo que racha a sociedade brasileira, é o tema do aborto. Em 2019, o Datafolha mostrou que 41% do país é contra "qualquer tipo de

Tabela 3 – Convergência entre mulheres e população geral
(diferença menor que 2 pontos percentuais)

Convergências entre opinião pública				
Afirmação	Alternativa	População geral	Homens	Mulheres
Abortar deveria ser uma escolha segura para as mulheres.	Concordo	42%	43%	42%
	Discordo	27%	26%	28%
A violência contra a mulher deve ser mais combatida.	Concordo	91%	93%	93%
	Discordo	2%	1%	3%
Eu votaria em uma mulher negra para presidente da República.	Concordo	70%	69%	71%
	Discordo	3%	3%	4%

Todas as perguntas continham a alternativa "Não concordo nem discordo". Pesquisa realizada pelo Instituto Ideia em 22 de novembro de 2021 – amostra: 1.277 respondentes. Consultar apêndice para mais informações sobre dados demográficos.
Fonte: autoria própria com base nos resultados da pesquisa de 22 de novembro de 2021.

Gráfico 1 – Evolução de violência doméstica no Brasil
Registros de lesão corporal dolosa em decorrência de violência doméstica

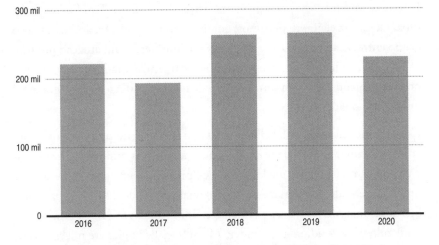

Fonte: autoria própria com base nos resultados do Anuário Brasileiro de Segurança Pública de 2017 a 2021.

aborto". O levantamento buscou saber quem concordava com a frase "abortar deveria ser uma escolha segura para as mulheres". Um dos levantamentos mostrou, adicionalmente, que 34,7% dizem concordar com a ideia de que abortar deveria ser um direito garantido, enquanto 31,3% discordam.

82

Os resultados, apesar de mostrarem convergência numérica e estatística entre homens e mulheres, apontam um sentimento minoritário a respeito dessa afirmação. Mais um desafio superlativo de construção de narrativas que possam mover mentes e corações para o avanço dessa agenda.

O que segue subestimado é a autopercepção do racismo no Brasil. A pesquisa mostrou que 98,5% (99,3% entre as mulheres) acreditam que existe racismo no país; 97,6% (99,2% das brasileiras) creem que vivemos numa nação racista; e 65,3% (66,4% do público feminino) dizem ter presenciado um episódio de racismo. No entanto, somente 14,7% (13,1% das mulheres) se consideram racistas. Uma dissonância cognitiva que reside nas fundações do racismo estrutural brasileiro.

No campo da esperança e das possibilidades, é majoritário o sentimento (ou pelo menos a abertura para isso) de que votariam em uma mulher negra para a Presidência da República. São 70% afirmando que votariam. E se essa mulher fosse a ex-primeira-dama dos Estados Unidos Michelle Obama, estaria eleita. Explicamos: em uma das pesquisas foi apresentada ao grupo entrevistado uma lista com nomes de mulheres com atuação pública; sobre cada mulher citada, as entrevistadas (e os entrevistados) deveriam responder se a consideravam um "modelo de mulher" ou não. Veja o gráfico 2 na página ao lado.

Como já mencionado, Michelle Obama tem destaque desproporcional (com aproximadamente 86% de respostas positivas entre as mulheres). A advogada formada na Universidade Harvard e ex-primeira dama norte-americana é um fenômeno de popularidade internacional e fonte de inspiração para mulheres das mais diversas nacionalidades e etnias. Seu livro *Minha história*[2] foi traduzido para 24 idiomas e vendeu 14 milhões de cópias até novembro de 2020. Nos Estados Unidos, nem a polarização política impede a admiração por diferentes segmentos do eleitorado, inclusive por políticas republicanas.

---

[2] Michelle Obama, *Minha história* (trad. Débora Landsberg, Denise Bottmann e Renato Marques, Rio de Janeiro, Objetiva, 2018).

Gráfico 2 – Modelo de mulher por nome
Você considera _____ um modelo de mulher para você
Resposta: Sim.

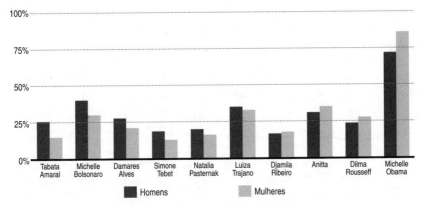

Fonte: autoria própria com base nos resultados da pesquisa de 27 de janeiro de 2022.

Em um distante e já minoritário segundo lugar, aparece a exitosa empresária e artista Anitta, com 34% de "sim" entre o público feminino. Entre a juventude brasileira (até 24 anos), esse grau de admiração sobe para 54%. Por sua vez, 75% do subgrupo evangélico diz "não" enxergar na cantora um "modelo de mulher". Com base nesses resultados, é possível inferir que Anitta é uma personagem amplamente conhecida da sociedade brasileira (com, por exemplo, 59,7 milhões de seguidores nas redes sociais em fevereiro de 2022) e move discussões e desperta sentimentos diversos, independentemente do espectro social, econômico ou ideológico.

A ex-presidente Dilma Rousseff, mesmo tendo sido a primeira (e única) mulher a comandar a Presidência da República, chegando a ser reeleita em 2014, é admirada só por aproximadamente 28% das mulheres. Porém, também é amplamente rejeitada por elas como modelo feminino (68,5%). A rejeição atinge índices superiores a 80% nas regiões Sul, Centro-Oeste e entre as evangélicas. Talvez seja difícil (para não dizer impossível) para a opinião pública desvincular a avaliação da gestão Rousseff de sua figura pessoal. Não custa lembrar que a ex-chefe do Executivo federal deixou a Presidência, segundo o Datafolha, com 63% de reprovação e 13% de aprovação. Esse fenômeno de vinculação gestão-persona é particularmente cruel com mulheres chefes de Estado. Não custa lembrar, sem entrar no mérito político-ideológico, o apelido de "dama de ferro" atribuído a Margaret Thatcher, no Reino Unido, e o de "dama de ferro asiática" atribuído a Indira Gandhi, ex-primeira-ministra da Índia.

A empresária Luiza Trajano, fundadora da Magazine Luiza ou Magalu, apesar de bem menos conhecida que Anitta ou a ex-presidenta Dilma, tem um índice de admiração bastante semelhante. Para 33% das mulheres, ela é um modelo. Na subamostra com ensino superior e renda acima de cinco salários mínimos, sua imagem positiva supera os 50%. Além disso, a empreendedora do varejo é admirada por 35% dos homens. No caso de Trajano, o sucesso empresarial da sua rede varejista (que, segundo a *Forbes*, a coloca como a mulher mais rica do Brasil) e sua imagem particular são amplamente associados. E isso talvez explique o fato de ela ser referência para ambos os universos.

Nesse aspecto, a pesquisa traz personagens que são referência de mulher mais para os homens que para as próprias mulheres. Sem entrar no juízo de valor do que isso significa, o destaque desse quesito é a primeira-dama brasileira, Michelle Bolsonaro. Há uma diferença de dez pontos percentuais na percepção dela como referência feminina entre gêneros (40% dos respondentes contra 30% das mulheres). Na região Centro-Oeste e entre os evangélicos, a primeira dama atinge níveis majoritariamente positivos. Ao contrário, ela não é percebida como modelo para a maioria da amostra com ensino superior e renda maior que cinco salários mínimos. Coincidência ou não, esses são exatamente os *clusters* de enorme aprovação e reprovação do governo do presidente Jair Bolsonaro.

Na linha de frente da equipe da gestão Bolsonaro está a pastora evangélica e ministra da pasta da Mulher, Família e Direitos Humanos, Damares Alves. Sua trajetória à frente do ministério é marcada por um grandioso fluxo de ruídos, desinformação e retrocessos no debate público, para dizer o mínimo.

Mesmo assim, a pesquisa mostra que a ministra Damares é, na prática, mais desconhecida que o calor da polarização política parece apontar. Entre as mulheres, 37% das entrevistadas nunca ouviram falar da pastora. O saldo de aprovação/desaprovação é bastante negativo (24% a têm como modelo e 42,5% não). Seu grau de admiração e rejeição também dialoga com os perfis mais contundentes de apoio ao bolsonarismo. Assim como Michelle Bolsonaro, Damares é mais admirada pelos homens (27,5% do público masculino a tem como modelo) e os dados sobre a ministra revelam uma superestimação de parte do mundo político a respeito da dimensão de sua figura e influência.

Portanto, o paradoxo entre a *doxa* e a *endoxa* clássicas nos faz lembrar que, por mais racionais e equilibrados que tentemos ser, todos carregamos percepções relacionadas a nossas origens e experiências. A opinião pública é o epicentro dessa convulsão de experiências individuais. A formação da opinião pública é uma somatória de microcosmos avaliados por segmentações, por exemplo, de gênero, religião, faixa etária, escolaridade, classe socioeconômica e região. Essa diversidade de microcosmos, que agregam inúmeras perspectivas de mundo, é precisamente um dos principais argumentos favoráveis à maior inclusão de mulheres na política – e também de todos os grupos que não se sentem representados na atual conjuntura política e social.

As pesquisas quantitativas apresentadas neste capítulo de maneira nenhuma têm a pretensão de esgotar o diagnóstico sobre temas complexos, sensíveis e extremamente necessários. Ao contrário, o foco é dar uma contribuição para o melhor entendimento do contexto atual de opinião pública diante da urgência histórica de avançar a agenda de equidade.

Nesse contexto, alguns pontos são majoritários e merecem não somente atenção da classe política, mas maior pressão da sociedade. Os destaques, nesse campo, são a necessidade da inclusão de mais mulheres na política, a busca por salários mais equitativos e, sobretudo, a urgência do combate à violência contra a mulher. Do lado mais controverso no imaginário da opinião pública, outros tópicos sensíveis (como a questão do aborto)

86

merecem um debate informado e embasado em evidências, distante da demagogia e da batalha por narrativas midiáticas e direcionadas para as bolhas das redes sociais.

Os dados e informações dos levantamentos específicos deste capítulo, assim como inúmeros estudos e pesquisas públicas, estão disponíveis para que, como nação, possamos superar a dicotomia entre a *doxa* e a *endoxa*, avançando com pautas que beneficiam a todos e que já são amplamente respaldadas pela opinião pública, como é o caso da fundamental inclusão de mais mulheres na política. Passou da hora. E, certamente, há um caminho.

Apêndice

Os levantamentos foram realizados de acordo com as seguintes quebras demográficas:

Categoria	Opções e critérios
Gênero	Feminino / Masculino
Idade	18-24 / 25-34 / 35-44 / 45+
Classe socioeconômica	A / B / C / D / E (de acordo com o critério Brasil Abep, considerando renda, posse de bens e condições de moradia)
Região	Norte / Nordeste / Centro-Oeste / Sudeste / Sul
Cidade	Capital / Região Metropolitana / Litoral
Raça	Branca / Preta / Parda / Amarela / Indígena / Outras
Escolaridade	Sem escolaridade / Fundamental completo / Médio completo / Superior completo
Religião	Católica / Evangélica / Ateia / Sem religião / Outras
Renda	Até 1 salário mínimo (SM) / De 1-3 SMs / De 3-5 SMs / Mais de 5 SMs / Não sabe ou não declarou

Bibliografia

ALTER, A. e HARRIS, E. Readers Have Been Eagerly Waiting for Barack Obama's New Memoir. Struggling Booksellers Have, Too. *The New York Times*. Disponível em: <https://www.nytimes.com/2020/11/15/books/barack-obama-promised-land-memoir-publishing-bookstores.html>. Acesso em: 23 jun. 2022.

ANZIA, S. e BERRY, C. The Jackie (and Jill) Robinson Effect: Why Do Congresswomen Outperform Congressmen? *American Journal of Political Science*, v. 55 n. 3, p. 478-93. Disponível em: <https://www.jstor.org/stable/23024932?seq=1>. Acesso em: 23 jun. 2022.

BROLLO, F. e TROIANO, U. What Happens When a Woman Wins an Election? Evidence from Close Eaces in Brazil. *Journal of Development Economics*, v. 122, p. 28-45. Disponível em: <https://www-sciencedirect-com.proxy.uchicago.edu/science/article/pii/S0304387816300244>. Acesso em: 23 jun. 2022.

BUSSAB, W. e MORETTIN, P. *Estatística básica*. São Paulo, Saraiva, 2017.

CHOW, A. Michelle Obama's Memoir to Arrive in November. *The New York Times*. Disponível em: <https://www.nytimes.com/2018/02/25/books/michelle-obama-memoir-november.html>. Acesso em: 23 jun. 2022.

DATAFOLHA. Reprovação à gestão Dilma recua e volta a nível pré-manifestação. Disponível em: <https://datafolha.folha.uol.com.br/opiniaopublica/2016/04/1759676-reprovacao-a-gestao-dilma-recua-e-volta-a-nivel-pre-manifestacao.shtml>. Acesso em: 23 jun. 2022.

FORBES. Profile Luiza Trajano, 8 mar. 2022. Disponível em: <https://www.forbes.com/profile/luiza-helena-trajano/?sh=5b3aa4e57da1>. Acesso em: 23 jun. 2022.

FÓRUM BRASILEIRO DE SEGURANÇA PÚBLICA. *Anuário Brasileiro de Segurança Pública 2022*. Disponível em: <https://forumseguranca.org.br/anuario-brasileiro-seguranca-publica/>. Acesso em: 23 jun. 2022.

FRIEDAN, B. *A mística feminina*. 3. ed. Rio de Janeiro, Rosa dos Tempos, 2020 [1971].

G1. 41% dos brasileiros são contra qualquer tipo de aborto. Disponível em: <https://g1.globo.com/ciencia-e-saude/noticia/2019/01/11/41-dos-brasileiros-sao-contra-qualquer-tipo-de-aborto-diz-datafolha.ghtml>. Acesso em: 23 jun. 2022.

HINDUSTAN TIMES. What Indira Gandhi and Margaret Thatcher Share, 14 jan. 2014. Disponível em: <https://www.hindustantimes.com/chandigarh/what-indira-gandhi-and-margaret-thatcher-shared/story-6ekTtiqP5xoumpgHkMfUPM.html>. Acesso em: 23 jun. 2022.

INSTAGRAM. Anitta. Disponível em: <https://www.instagram.com/anitta/>. Acesso em: 23 jun. 2022.

INSTITUTO BRASILEIRO DE GEOGRAFIA E ESTATÍSTICA (IBGE). Pnad 2021. Disponível em: <https://www.ibge.gov.br/estatisticas/sociais/trabalho/9171-pesquisa-nacional-por-amostra-de-domicilios-continua-mensal.html?=&t=o-que-e>. Acesso em: 23 jun. 2022.

_____. Censo 2010. Disponível em: <https://www.ibge.gov.br/estatisticas/sociais/rendimento-despesa-e-consumo/9662-censo-demografico-2010.html?=&t=o-que-e>. Acesso em: 23 jun. 2022.

OBER, J. What the Ancient Greeks Can Tell us about Democracy? *Annual Review of Political Science*, v. 11, p. 67-91. Disponível em: <https://www.annualreviews.org/doi/10.1146/annurev.polisci.11.112006.143750>. Acesso em: 23 jun. 2022.

PODER 360. Brasil é 140º em *ranking* de representação feminina no Legislativo. Disponível em: <https://www.poder360.com.br/congresso/brasil-e-140o-em-ranking-de-representacao-feminina-no-legislativo/>. Acesso em: 23 jun. 2022.

TRUDEAU, J. Criando meus filhos para serem feministas, *Marie Claire*, Ambury, Reino Unido. Disponível em: <https://www.marieclaire.com/politics/a12811748/justin-trudeau-raising-kids-feminist/>. Acesso em: 23 jun. 2022.

WATSON, E. Discurso de Emma Watson, embaixadora da Boa Vontade da ONU Mulheres, no lançamento da campanha HeForShe. Disponível em: <http://www.onumulheres.org.br/noticias/discurso-de-emma-watson-embaixadora-da-boa-vontade-da-onu-mulheres-no-lancamento-da-campanha-heforshe/>. Acesso em: 23 jun. 2022.

Sobre as organizadoras

Beatriz Della Costa é codiretora e cofundadora do Instituto Update, organização que estuda e fomenta a inovação política na América Latina. Formada em ciências sociais pela PUCSP, possui mais de quinze anos de experiência no terceiro setor em projetos voltados à inovação pública e política. Desenvolveu projetos audiovisuais como a série *Política: modo de usar* e *Política: modo de fazer* (GloboNews e Maria Farinha Filmes) e é idealizadora do projeto *Eleitas* (Quebrando o Tabu e Maria Farinha Filmes), estudo e série documental sobre mulheres eleitas na América Latina.

Camila Rocha é doutora e mestre em ciência política pela Universidade de São Paulo, onde também concluiu o bacharelado em ciências sociais. Ganhadora dos prêmios de melhor tese de doutorado da Associação Brasileira de Ciência Política e Tese Destaque USP na área de ciências humanas. Autora de *Menos Marx, mais Mises: o liberalismo e a nova direita no Brasil* (São Paulo, Todavia, 2021) e coautora de *The Bolsonaro Paradox* (Cham, Suíça, Springer-Nature, 2021), atua como assessora parlamentar na Assembleia Legislativa de São Paulo e como consultora e coordenadora de pesquisas qualitativas para o terceiro setor.

Esther Solano é doutora em ciências sociais pela Universidade Complutense de Madri e professora do curso de relações internacionais da Universidade Federal de São Paulo (Unifesp). É coautora de *The Bolsonaro Paradox*

(Cham, Suíça, Springer-Nature, 2021) e organizadora de vários livros sobre política contemporânea, entre os quais *O ódio como política: a reinvenção das direitas no Brasil* (São Paulo, Boitempo, 2018), *As direitas nas redes e nas ruas* (São Paulo, Expressão Popular, 2019) e *Brasil em colapso* (São Paulo, Unifesp, 2019).

Congresso da Federação Brasileira pelo Progresso Feminino, há exatos cem anos, em agosto de 1922, data de sua criação. A federação liderou conquistas como a criação da União Universitária Feminina, o ingresso de meninas no Colégio Pedro II, o voto feminino e leis de proteção à mulher e à criança.

Publicado em 2022, noventa anos após a conquista brasileira do direito ao voto feminino e no ano em que o Brasil volta a ser palco de acirradas eleições, este livro foi composto em Adobe Garamond Pro, corpo 11/14,85, e impresso em papel Pólen Soft 80 g/m² pela gráfica Rettec, para a Boitempo, com tiragem de 2 mil exemplares.